W. ALBRECHT / A. HANISCH

Aristoteles' assertorische Syllogistik

Aristoteles'
assertorische Syllogistik

Von

Prof. Dr. Wolfgang Albrecht
Angelika Hanisch

DUNCKER & HUMBLOT / BERLIN

Alle Rechte vorbehalten
© 1970 Duncker & Humblot, Berlin 41
Gedruckt 1970 bei Buchdruckerei Bruno Luck, Berlin 65
Printed in Germany

Vorwort

Die modernen und das Verständnis der Sache weithin bestimmenden Interpretationen der aristotelischen Syllogistik sind schon in ihrem Ansatz von der Vorstellung geleitet, daß es geradezu ihre Aufgabe sei, einerseits dieser Syllogistik eine den Erfordernissen der Logik angemessene Begründung nachzuliefern und andererseits zu erweisen, daß Aristoteles zwar noch keine moderne Logik geschaffen habe, wohl aber auf dem rechten Wege dahin war. Das Bedürfnis nach Ergänzung und expliziter Begründung jener Syllogistik sei, so meint man — unbeschadet der Tatsache, daß die Quellen dagegen sprechen —, schon früh empfunden worden. Bereits die Megariker und Stoiker hätten ihre Aussagenlogik in den Dienst dieser Aufgabe gestellt[1].

Obwohl vermutet werden muß, daß Aristoteles sich etwas dabei gedacht hatte, als er den Beweis der Schlüssigkeit gewisser Syllogismen als deren „Vervollkommnung" bezeichnete und unter den Syllogismen einige als solche auszeichnete, die einer solchen Vervollkommnung nicht nur nicht bedürfen, sondern ihrerseits die Bedingung der Möglichkeit der Vervollkommnung von Syllogismen darstellen, gilt heute als ausgemacht, daß er die wahre Vervollkommnung seinen Nachfolgern als Desiderat hinterließ. Sogar der von Aristoteles gewiß nicht grundlos gewählte Begriff der Vervollkomm-

---

[1] Den überaus kühnen Vorstellungen Lukasiewicz's (Zur Geschichte der Aussagenlogik, Erkenntnis, Bd. 5, 1935/36, S. 111 ff.) folgend, konstatiert etwa P. Lorenzen (Formale Logik, Berlin 1958, 3. Aufl., 1967, S. 30): „Die Logik der Junktoren ist historisch in der von Euklid von Megara ... gegründeten Schule und anschließend in der Stoa ... zusätzlich zur aristotelischen Syllogistik entwickelt worden. ... Das Bedürfnis zu einer solchen Erweiterung der Syllogistik ergab sich aus der Tatsache, daß Aristoteles beim Beweis der Gültigkeit oder Ungültigkeit von Syllogismen solche junktorenlogischen Schlüsse vollzog — ohne sie explizit als logische Schlüsse formuliert zu haben". Weit vorsichtiger urteilte seinerzeit H. Scholz (vgl. Scholz, S. 31).

nung muß bisweilen zur Kennzeichnung der mit Mitteln der modernen mathematischen Logik nachzuholenden Begründung herhalten[2].

Sind die der modernen Logik zur Verfügung stehenden Mittel überhaupt geeignet, der aristotelischen Syllogistik logisch auf die Beine zu helfen? Ist nicht zu erwarten, daß jeder Versuch, diese Syllogistik zum Zwecke ihrer logischen Begründung in die Sprache der mathematischen Logik zu übersetzen, sie unvermeidlicherweise mit Problemen belastet, von denen dahinsteht, ob sie jedweder Logik als Logik eigentümlich sind? Ein kaum mehr bezweifelbares Ergebnis hat die bisherige Diskussion gezeigt: wer die Gesetze der math. Logik auf die aristotelische Syllogistik anwenden will, muß gewisse Widersprüche mit dem Text der Analytiken in Kauf nehmen. So schließen z. B. einige Äußerungen des Aristoteles (etwa seine allgemeine Kennzeichnung der allgemeinen Modi der I. Figur im 4. Kapitel des ersten Buches der Ersten Analytik) die Möglichkeit eindeutig aus, die von ihm bei der Formulierung der Syllogismen benutzten Buchstaben als Variablen im Sinne der math. Logik zu verstehen, während genau dieses Verständnis die Voraussetzung der Anwendbarkeit der Regeln der math. Logik darstellt.

Viel ist mit einer solchen Feststellung nicht gewonnen. Denn mit der Möglichkeit muß auf jeden Fall gerechnet werden, daß ein erster Versuch, so etwas wie eine Logik zu konzipieren (wie er eben in der Ersten Analytik vorliegt), noch mancherlei Mängel oder Fehler aufweist, die vielleicht erst dann als solche deutlich werden konnten, als die historischen Anlässe, die für jenen Versuch noch entscheidend waren, ihre sachliche Relevanz eingebüßt hatten. Aristoteles könnten also Fehler unterlaufen sein. Das wäre nur zu verständlich; seiner Leistung täte das keinen Abbruch.

Aber ebenso falsch, wie diese Möglichkeit auszuschließen, wäre es, bei der Fahndung nach eventuellen Mängeln einer immerhin vor

---

[2] Vgl. Scheibe, S. 45 f. Die hier vorgeschlagene „Vervollkommnung" wird „nicht als Antwort auf die Frage angeboten, was Aristoteles in An.pr. A 1—7 de facto gemacht hat, sondern als Antwort auf die andere Frage, was er dort hat machen wollen, aber doch ... nicht ganz geschafft hat. ... Es kann m. E. kein Zweifel darüber bestehen, daß es so etwas wie eine natürliche *Vervollkommnung* der in An.pr. A 1—7 systematisch vorgetragenen assertorischen Syllogistik im Rahmen der modernen Logik gibt".

zweitausend Jahren konzipierten Logik zum Beurteilungsmaßstab unbesehen den für die heutige Logik bindenden zu wählen. Deshalb sollte, ehe weiter darüber verhandelt wird, ob, was zur Lösung des Begründungsproblems der modernen Logik taugen mag[3], auch für die aristotelische Logik gut sein muß, der Text der Ersten Analytik daraufhin befragt werden, ob nicht Aristoteles selbst eine wohlfundierte Vorstellung von den Erfordernissen einer Begründung seiner Syllogistik gehabt hat.

Die hier vorgelegte Interpretation möchte einen Beitrag zur Beantwortung der Frage leisten, wie sich Aristoteles die Begründung seiner Logik vorgestellt hat. Ihr Ehrgeiz ist es, hierbei ohne textfremde Voraussetzungen auszukommen. Ob sich solche Enthaltsamkeit lohnt, wird die Behandlung einiger der Interpretationsprobleme erweisen, die heute vorrangig diskutiert werden.

Um dem mit dem Text der Ersten Analytik noch nicht vertrauten Leser einen Zugang zu dem hier verhandelten Thema zu verschaffen, wurden der Interpretation zwei einführende Kapitel vorangestellt. Angelika Hanisch, ihre Verfasserin, hat sich, um Überschneidungen mit den übrigen von mir verfaßten Kapiteln zu vermeiden, darauf beschränkt, alle für das Verständnis der assertorischen Syllogistik wichtigen Fakten herauszuheben und in einer Weise zu beschreiben, die unmittelbar anhand des Textes belegt werden kann.

Herrn Ministerialrat a. D. Dr. Johannes Broermann sei für die Bereitschaft, vorliegende Schrift in seinem Verlage erscheinen zu lassen, unser herzlicher Dank ausgesprochen.

Bayreuth, 5. Mai 1969

W. Albrecht

---

[3] Zum Stand der Diskussion vgl. P. Lorenzen, Metamathematik, Mannheim 1962, Einleitung, sowie ders., Methodisches Denken, Frankfurt 1968, S. 81 ff.

Inhalt

I. Der Gegenstand der Kapitel A 1—7 11

II. Die Beweisverfahren 24

III. Die Relevanz der Syllogismus-Definition für die Interpretation der Kapitel A 4—6 33

IV. Die Ekthesisbeweise 46

V. Die Beschränkung auf drei Figuren 64

VI. Das „System" der assertorischen Syllogistik 76

Literaturverzeichnis 86

Der Text der Analytiken wird zitiert nach der Ausgabe:
Aristotelis Opera ed. I. Bekker, Bd. 1 und 2, Berlin 1831, Nachdruck Darmstadt 1960

I. Der Gegenstand der Kapitel A 1—7

Wer sich ohne einschlägige Vorkenntnisse und also frei auch von allen durch Schwierigkeiten der Auslegung erzeugten Skrupeln an die Lektüre der Ersten Analytik von Aristoteles begibt, um sich auf diese Weise mit seiner Logik vertraut zu machen, mag es begrüßen, daß das Kernstück dieser Logik, die assertorische Syllogistik, in der Darstellung nur wenige Seiten beansprucht. Er wird meinen und übrigens gut daran tun, sich diese Meinung so lange wie möglich zu bewahren, daß alle für das Verständnis der aristotelischen Logik wesentlichen Fakten aus den ersten sieben Kapiteln des ersten Buches der Ersten Analytik ersichtlich werden. Die Knappheit der Darstellung, die dem Leser sehr rasch zur Einsicht in eine ganz erstaunliche Systematik verhilft, hat freilich, wenn er das Original im Spiegel seiner modernen Auslegung wiederzuerkennen wünscht, den Nachteil, daß wesentliche Interpretationshilfen in der weiteren Umgebung des Grundtextes mühsam zusammengesucht werden müssen und man selten sicher sein kann, ob diese Hilfen noch als eine authentische Selbstinterpretation gelten dürfen.

Um Interpretation soll es aber hier zunächst gar nicht gehen, sondern um eine möglichst einfache, auch dem Laien verständliche Darstellung, die zum einen die systematische Gliederung der Syllogismen, ihre Beziehungen zueinander und die zum Beweise ihrer Gültigkeit benutzten Verfahren beschreiben soll und zum anderen den Blick für die der Syllogistik eigenen Probleme schärfen will. Daß es hier noch genügend Probleme gibt, wird durch nichts deutlicher als durch die anhaltende Diskussion der Frage, ob es dem Selbstverständnis der mathematischen Logik förderlich ist, wenn sie sich als organische Weiterentwicklung der aristotelischen Logik versteht, und ob sie deren Verständnis einen Dienst erweist, wenn sie die ihr eigenen Maßstäbe an den Text der Ersten Analytik anlegt.

Lassen wir diese Fragen aber zunächst außer acht, um die Darstellung nicht mit Vormeinungen zu belasten, die ihre Beantwortung ganz sicher vereiteln würden. Halten wir uns vielmehr an das, was der Aristotelestext unmittelbar hergibt. Wie erwähnt, soll der Anfang der Ersten Analytik die Grundlage der einführenden Darstellung bilden. Hier befaßt sich Aristoteles mit der assertorischen Logik, die im Unterschied zur modalen Logik die einfach behauptenden Aussagen der Form „alle A sind B", „kein A ist B", „einige A sind B" und „einige A sind nicht B" sowie die Bedingungen ihrer Verbindbarkeit zu gültigen Schlüssen zum Gegenstand hat. Ab und zu wird es sich kaum vermeiden lassen, auch auf andere Texte des Organon zurückzugreifen.

Anlaß dazu bietet bereits die erste Frage, die wir uns stellen wollen, nämlich die Frage, was überhaupt ein Syllogismus ist, ob Aristoteles noch andere Arten von Schlüssen kennt oder ob es berechtigt ist, beide Begriffe synonym zu verwenden. Die der Behandlung der Syllogismen in der Ersten Analytik vorangestellte Definition des Syllogismus lautet: „Ein Syllogismus ist ein sprachlicher Ausdruck, in dem, wenn etwas gesetzt wird, etwas von dem Gesetzten Verschiedenes mit Notwendigkeit daraus folgt, daß dieses ist" (24 b 18—20). Die der Ersten Analytik zeitlich vorausgehende Topik gibt im ersten Kapitel des ersten Buches eine im Wortlaut unwesentlich davon abweichende, in der Sache übereinstimmende Definition; sie lautet: „Ein Syllogismus ist ein sprachlicher Ausdruck, in dem bei bestimmten Annahmen etwas anderes als das Vorausgesetzte auf Grund des Vorausgesetzten mit Notwendigkeit folgt" (100 a 25—27).

Die Tatsache, daß Aristoteles den Syllogismus definierte, ehe er sich mit ihm und seinen möglichen Formen im Detail auseinandersetzte bzw. dazu überhaupt in der Lage war, legt die Vermutung nahe, daß diese Definition ihm allererst zur Entdeckung des bündigen Syllogismus, wie er in der Ersten Analytik verstanden wird, verholfen hat[1], und mit Recht darf daher die Frage gestellt werden — allerdings natürlich erst nach gründlichem Studium der assertorischen Syllogistik —, ob die angeführten Definitionen wirklich das

---

[1] Für E. Kapp ist dies mehr als nur eine Vermutung: „Soviel ist gewiß: Aristoteles besaß die Definition des Syllogismus, ehe er den vollkommenen Syllogismus fand. Andererseits stimmt der vollkommene Syllogismus so genau mit der Definition überein, daß, wenn die Definition nicht nach dem vollkommenen Syllogismus gefunden worden sein kann, der vollkommene Syllogismus mit Hilfe der Definition gefunden sein muß" (Kapp, S. 82).

und nur das treffen, was das Wesen des Syllogismus ausmacht, oder ob sie nicht, wie behauptet wurde, zu weit sind, d. h. auch solche Schlüsse decken, die keine Syllogismen im Sinne der Syllogistik sind. Das hier angedeutete Problem hat für die Interpretation u. U. weitreichende Konsequenzen; wir werden darauf zurückkommen. Dies sei daher schon jetzt festgehalten: in beiden Textstellen wird auf die Zahl der Prämissen kein Bezug genommen, obwohl Aristoteles als Syllogismen nur die Schlüsse mit zwei Vordersätzen (Prämissen) und einem Schlußsatz (Konklusion) bezeichnet.

Die Prämissen sowie ihre Kombination müssen, um für die Bildung eines Syllogismus brauchbar zu sein, vielerlei Voraussetzungen erfüllen. Als Prämissen begegnen uns nur die Grundformen von Aussagen, von denen Aristoteles faktisch, d. h. ohne weitere Begründung ausgeht, also nur solche Aussagen, die einem Subjekt ein Prädikat ganz oder teilweise zu- bzw. absprechen. Andere Sätze, die keine Aussagen sind, also auch nicht der Alternative wahr oder falsch unterliegen, sind ausgeschlossen.

Erwähnenswert ist, daß Aristoteles im Unterschied zu der an ihn anknüpfenden Tradition in der Regel die sprachliche Formulierung der Aussage mittels der Kopula „ist" vermeidet und die logische Beziehung zwischen dem Prädikat und dem Subjekt der Aussage durch den Begriff des Zukommens wiedergibt (d. h. die Formulierung „A kommt dem B zu" der anderen „B ist A" vorzieht). Die Veränderung der Reihenfolge des Subjekt- und Prädikatbegriffs in der Aussage hat keine logische Bedeutung, ist aber dennoch zu beachten, weil davon das Verständnis gewisser Definitionen des Aristoteles, z. B. die der sog. Schlußfiguren, abhängt.

Die Aussagen, die die Syllogistik als Prämissen zuläßt, gibt Aristoteles sprachlich wie folgt wieder: „A kommt allen B zu", „A kommt keinem B zu", „A kommt einigen B zu" und „A kommt einigen B nicht zu". Gelegentlich formuliert er sie allerdings auch so: „A wird von allen (keinem) B ausgesagt" und „A wird von einigen B (nicht) ausgesagt". Dieser letzten Formulierungen bedient er sich z. B. in den Definitionen, auf die er anläßlich der Behandlung der Schlußmodi der I. Figur wiederholt Bezug nimmt, die also offenbar wichtig sind; sie lauten: „Daß das eine in einem anderen als Ganzem ist und daß von jedem des einen das andere ausgesagt wird, bedeutet dasselbe. Wir sagen aber, daß etwas von jedem ausgesagt wird, wenn sich keines von denen, die unter das Subjekt fallen, namhaft machen läßt, von dem das andere nicht gelten würde. Analog verhält es sich mit dem Ausdruck: von keinem ausgesagt werden" (24 b 26—30).

Aus den Prämissen, die für einen Syllogismus taugen sollen, muß neben der sog. Qualität auch deren sog. Quantität ersichtlich sein. Wenn wir nach der Qualität einer Aussage fragen, möchten wir wissen, ob diese bejahend oder verneinend ist, ob etwas einem anderen zukommt oder eben nicht zukommt. Bezüglich der Quantität unterscheiden wir die allgemeine Aussage „A kommt allen (bzw. keinem) B zu" von der partikulären Aussage „A kommt einigen B zu (bzw. nicht zu)". Die Einzelaussage wird nicht berücksichtigt, wohl aber erwähnt Aristoteles gelegentlich die (hinsichtlich der Quantität) „unbestimmte" Aussage, die wir aber außer acht lassen werden.

Da also jede als Prämisse taugliche Aussage nach Qualität und Quantität ausgewiesen sein muß — eine Forderung, die sich dann auch auf die Konklusion überträgt —, ergeben sich die bereits erwähnten vier Möglichkeiten, die hier noch einmal zusammen mit den in der traditionellen Logik üblich gewordenen Kennbuchstaben[2] aufgeführt werden sollen:

Allgemein bejahende Aussage: A kommt allen B zu (A a B)
Partikulär bejahende Aussage: A kommt einigen B zu (A i B)
Allgemein verneinende Aussage: A kommt keinem B zu (A e B)
Partikulär verneinende Aussage: A kommt einigen B nicht zu (A o B)

Die durch die Kennbuchstaben bezeichneten Relationen zwischen dem Prädikat- und dem Subjektbegriff einer Aussage stehen in vielfältiger Beziehung zueinander, was man durch das sog. logische Quadrat augenfällig zu machen bestrebt war. Aus einem solchen logischen Quadrat sind das kontradiktorische (als das im Hinblick auf die in der Syllogistik angewendeten Beweisverfahren wichtigste), das konträre, das subkonträre und schließlich das subalterne Verhältnis jener durch a, e, i und o bezeichneten Relationen zueinander

---

[2] Wir schließen uns hier dem Gebrauch an, den Patzig (vgl. S. 58), abweichend von der Tradition, von den Kennvokalen a, e, i und o macht. Die Tradition verwendet diese Kennvokale zur Bezeichnung der sich der Kopula bedienenden Satzformen; bei Patzig stehen sie für die der aristotelischen Standardformulierung entsprechenden Satzformen.

zu ersehen. Das sei an dem logischen Quadrat der gebräuchlichsten Form erläutert:

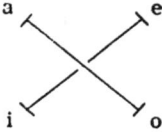

Zwischen den Aussagen A a B und A e B besteht ein konträres Verhältnis bzw. ein konträrer Gegensatz; das bedeutet, daß beide Aussagen nicht zugleich wahr, wohl aber zugleich falsch sein können. Umgekehrt verhält es sich mit den Aussagen A i B und A o B: sie können nicht zugleich falsch, wohl aber zugleich wahr sein; sie stehen zueinander in einem subkonträren Verhältnis.

Die Diagonalen[2a] in unserem logischen Quadrat, die a und o sowie e und i miteinander verbinden, bezeichnen das kontradiktorische Verhältnis bzw. den kontradiktorischen Gegensatz der entsprechenden Aussagen A a B und A o B bzw. A e B und A i B. Das Kennzeichen des kontradiktorischen Gegensatzes ist es, daß die Aussagen, die zueinander in diesem Verhältnis stehen, weder zugleich wahr noch zugleich falsch sein können. Das heißt, wenn A a B (bzw. A e B) wahr ist, muß A o B (bzw. A i B) notwendigerweise falsch sein und umgekehrt. Eines ist die Negation des anderen, so daß wir sagen können: A a B (bzw. A e B) gilt dann und nur dann, wenn nicht A o B (bzw. A i B), und umgekehrt. Die Beziehung in der erstgenannten Richtung entspricht der oben angeführten Definition der allgemein bejahenden (bzw. verneinenden) Aussage, die Aristoteles im 1. Kapitel formuliert.

Die Beziehung einer i-Aussage zu der entsprechenden a-Aussage und analog die einer o-Aussage zu der entsprechenden e-Aussage wird als subalternes Verhältnis bezeichnet, womit gesagt sein soll, daß die erste Aussage aus der letzten durch Abschwächung gewonnen werden kann. Denn was allen zukommt, kommt gewiß auch einigen zu; und was keinem zukommt, kommt sicher einigen nicht zu. Den Übergang von einer a-Aussage (bzw. e-Aussage) zu der entsprechenden i-Aussage (bzw. o- Aussage) nennt man einen Subalternationsschluß. Er spielt bei Aristoteles keine Rolle.

[2a] Das Zeichen ⊢—⊣ soll hier den kontradiktorischen (später auch den konträren) Gegensatz andeuten.

Davon, daß gewisse Aussagen zu gewissen anderen in einem kontradiktorischen bzw. konträren Gegensatz stehen, macht der von Aristoteles häufig benutzte indirekte Beweis durchgängig Gebrauch, ohne daß ausdrücklich erklärt würde, daß es sich hier um eine Voraussetzung handelt, deren Gebrauch bestimmten Bedingungen unterliegt. Wir müssen das hinnehmen und beachten, daß die gesamte Syllogistik das Bestehen dieser Bedingungen voraussetzt. Das wird sofort deutlich, wenn wir uns nun den Regeln zuwenden, auf die sich Aristoteles beim Beweis der Gültigkeit der Syllogismen mit Vorliebe beruft, d. h. den Konversionsregeln, deren Gültigkeit ausnahmslos indirekt bewiesen wird.

Unter der Konversion einer Aussage versteht man die Vertauschung der Begriffe dieser Aussage bzw. die Vertauschung der Rollen oder Funktionen, die diese Begriffe in der Ausgangsaussage innehatten: der Begriff, der zunächst Prädikat der Aussage war, wird Subjekt; der Begriff, der zunächst Subjekt war, wird Prädikat. Die Frage ist nun, ob dieser Rollentausch ohne weiteres zulässig ist bzw. welchen Bedingungen er unterliegt; schließlich auch, ob der vollzogene Rollentausch wieder rückgängig gemacht werden kann bzw. unter welchen Bedingungen das möglich ist. Die Antwort auf diese Frage gibt Aristoteles in der Form, daß er die zunächst als evident ausgegebenen Konversionsregeln für die oben aufgeführten Aussageformen beweist.

Nehmen wir das Ergebnis vorweg:

Jede e-Aussage kann ohne Veränderung der Quantität konvertiert werden: die Konversion der Aussage A e B ergibt also die Aussage B e A und kann demnach ohne weiteres rückgängig gemacht werden; abgekürzt schreiben wir das so: A e B ⟵⟶ B e A. Der Doppelpfeil soll hier lediglich besagen, daß der Übergang von der einen zur anderen Aussage in beiden Richtungen möglich ist, und darf nicht ohne weiteres mit der Äquivalenz als einer logischen Verknüpfung im Sinne der mathematischen Logik gleichgesetzt werden.

Für die i-Aussage gilt das gleiche; auch sie kann ohne Änderung der Quantität konvertiert werden: A i B ⟵⟶ B i A.

Die Konversion der a-Aussage dagegen erfordert eine Veränderung der Quantität, kann daher nicht rückgängig gemacht werden; abgekürzt schreiben wir das so: A a B ⟶ B i A. Der einfache Pfeil deutet lediglich die Möglichkeit des Übergangs von der ersten zur zweiten Aussage, also in Pfeilrichtung an; mit der Implikation der mathematischen Logik darf er nicht ohne weiteres gleichgesetzt werden.

Die o-Aussage kann auf keine der genannten Weisen konvertiert werden.

Sämtliche Konversionsregeln werden, wie erwähnt, indirekt bewiesen; und zwar setzt der indirekte Beweis der Konvertierbarkeit der a-Aussage und der i-Aussage die Konvertierbarkeit der e-Aussage voraus, während der ebenfalls indirekt geführte Beweis der Konvertierbarkeit der e-Aussage einen eigenen durch die sog. Ekthesis geführten Beweis der Konvertierbarkeit der i-Prämisse als Bestandteil enthält[3]. Ein fehlerhafter Zirkel liegt hier also nicht vor, wenngleich man von Aristoteles eine Erklärung darüber erwartet hätte, warum er sich nicht mit dem an den Anfang seiner Beweisreihe gesetzten Ekthesisbeweis der Konvertierbarkeit der i-Prämisse begnügte, sondern diese noch auf eine zweite, überdies von der ersten mittelbar abhängige Art bewies. Die Beweise verlaufen wie folgt:

1. Aus A e B folgt B e A; denn angenommen, es würde B i A folgen, dann würde zufolge der durch Ekthesis beweisbaren Konvertierbarkeit der i-Aussage auch A i B gelten, was zu dem vorausgesetzten A e B im Widerspruch steht. Abgekürzt schreiben wir das so (wobei das über den zweiten Pfeil gesetzte E andeuten soll, daß die durch ihn bezeichnete Folgebeziehung durch Ekthesis ausgewiesen wurde):

$$A e B \rightarrow B e A$$
$$B i A \xrightarrow{E} A i B$$

2. Aus A a B folgt B i A:

$$A a B \rightarrow B i A$$
$$B e A \rightarrow A e B$$

---

[3] Die Ekthesis wird in Kapitel IV ausführlich behandelt.

3. Aus A i B folgt B i A:

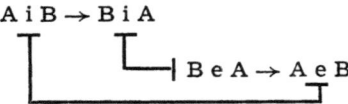

4. Eine o-Aussage kann nicht konvertiert werden. Denn mit der Voraussetzung, daß A einigen B nicht zukommt, ist weder die Möglichkeit, daß B allen (bzw. einigen) A zukommt, noch die andere, daß B keinem A zukommt (bzw. einigen A nicht zukommt), ausgeschlossen. Aristoteles beweist die Nichtkonvertierbarkeit der o-Aussage durch Angabe eines die Folgebeziehung A o B → B o A falsifizierenden Begriffspaares: setzen wir in der Aussage A o B für A Mensch, für B Sinnenwesen, dann ist zwar A o B wahr, zugleich aber auch B a A wahr, d. h. B o A falsch.

Wenden wir uns nun den Schlüssen zu, die Aristoteles Syllogismen nennt, also denjenigen Schlüssen, die eine Folgebeziehung zwischen zwei Prämissen und einer Konklusion zum Ausdruck bringen. Durch Kombination zweier Aussagen erhält man, wie bereits erwähnt, unter ganz bestimmten Umständen eine dritte Aussage, die als Konklusion zusammen mit jenen zwei Aussagen als Prämissen den Syllogismus bilden. Eine wesentliche Bedingung der Tauglichkeit von Aussagen als Prämissen eines Syllogismus ist die, daß beide einen Begriff, den sog. Mittelbegriff, gemeinsam haben. Je nach der Stellung des Mittelbegriffs bzw. je nach der Funktion, die er in der ersten Prämisse (der Oberprämisse) und in der zweiten Prämisse (der Unterprämisse) innehat — nämlich entweder als Prädikat oder als Subjekt der die Ober- bzw. Unterprämisse bildenden Aussage, unterscheidet man in der traditionellen Logik vier verschiedene Schlußfiguren:

I	P M	II	M P	III	P M	(IV)	M P
	M S		M S		S M		S M
	P S		P S		P S		P S

Die IV. Figur ist eingeklammert, weil Aristoteles selbst nicht von einer IV. Figur spricht. Wohl erwähnt er an einigen Stellen Schlußformen, die denen der IV. Figur zu entsprechen scheinen, so daß man gemeint hat annehmen zu dürfen, daß Aristoteles die Schlüsse (Modi) dieser Figur bekannt gewesen seien. Soviel steht jedenfalls fest: er hat sie nicht eigens zu einer IV. Figur zusammengefaßt und dafür gewiß seine Gründe gehabt, wenngleich über diese Gründe bei den Interpreten keine Einigkeit besteht.

Nur in der I. Figur steht der Mittelbegriff tatsächlich in der Mitte und trägt seinen Namen zurecht; er ist hier der zweite Begriff der ersten Prämisse, also deren Subjekt, und zugleich der erste Begriff der zweiten Prämisse, also deren Prädikat; oder, wie Aristoteles ihn definiert: „Mittelbegriff nenne ich den Begriff, der selbst in einem anderen enthalten ist und in dem ein anderer Begriff enthalten ist, der auch der Stellung nach der mittlere ist" (25 b 35—36).

In der II. Figur ist der Mittelbegriff in beiden Prämissen Prädikat: „Mittelbegriff nenne ich in dieser Figur den Begriff, der von den beiden (anderen) Begriffen ausgesagt wird (26 b 36—37), in der III. Figur dagegen in beiden Prämissen Subjekt: „Mittelbegriff nenne ich aber in dieser Figur den Begriff, von dem die beiden (anderen) Begriffe ausgesagt werden" (28 a 12—13).

Bei der Kennzeichnung der drei Figuren hat Aristoteles nicht ausdrücklich auf die Konklusion Bezug genommen. Da in den von ihm anerkannten Syllogismen aber stets der Oberbegriff in der Konklusion als Prädikat und der Unterbegriff als Subjekt erscheint und er diese Anordnung der Begriffe im 23. Kapitel des ersten Buches der Ersten Analytik auch ausdrücklich fordert, darf man unterstellen, daß auch die folgende Kennzeichnung der Figuren seiner Auffassung entspricht:

In der I. Figur ist das Prädikat der Konklusion Prädikat der Oberprämisse und ihr Subjekt das Subjekt der Unterprämisse.

In der II. Figur ist das Prädikat der Konklusion Subjekt der Oberprämisse und ihr Subjekt das Subjekt der Unterprämisse.

In der III. Figur ist das Prädikat der Konklusion Prädikat der Oberprämisse und ihr Subjekt das Prädikat der Unterprämisse.

In der schematischen Übersicht über die verschiedenen Figuren wurden dieser Kennzeichnung entsprechend die Buchstaben P = Prädikat der Konklusion und S = Subjekt der Konklusion in die Prämissen eingesetzt. Beachten wir nun, daß die Begriffe der Oberprämisse, der Unterprämisse und der Konklusion jeweils auf viererlei Weise aufeinander bezogen werden können, daß m. a. W. Oberprämisse, Unterprämisse und Konklusion jeweils eine a-, e-, i- oder o-Aussage sein können, dann ergeben sich für eine jede Figur $4^3 = 64$ verschiedene Gruppen von drei Sätzen, die daraufhin untersucht werden müssen, ob sie als gültige Syllogismen angesprochen werden dürfen. Aristoteles freilich geht anders vor: er fragt nicht nach den Dreiergruppen von Sätzen, die als Syllogismen ausgewiesen werden können, sondern nach den Satzpaaren, die einen gültigen Syllogismus liefern; die Zahl der zu betrachtenden Möglichkeiten reduziert sich, wenn man seinem Vorgehen folgt, mithin auf $4^2 = 16$.

Soll die Behauptung, daß ein Satzpaar, das hinsichtlich der Qualität und Quantität einem bestimmten Prämissenpaar entspricht, einen gültigen Schluß liefert, allgemein gelten, dann muß der Beweis auch allgemein geführt werden. Soll dagegen die Behauptung gelten, daß dies nicht für jedes Satzpaar zutrifft, dann genügt es, anhand zweier entsprechend ausgewählter Satzpaare zu zeigen, daß sie zwar beide einem bestimmten Prämissenpaar entsprechen, daß aber diejenigen ihrer Begriffe, die dem Ober- bzw. Unterbegriff jenes Prämissenpaares entsprechen, auf je verschiedene Weise aufeinander bezogen werden müssen. Entsprechend verfährt Aristoteles denn auch.

Die Darstellung der Verfahren, deren sich Aristoteles bedient, um die Brauchbarkeit von Prämissenpaaren zu beweisen, erfordert einigen Aufwand; wir stellen sie daher noch zurück. Zur Charakteristik des Verfahrens dagegen, das geeignet ist, die Unbrauchbarkeit von Prämissenpaaren zu erweisen, genügt es, das Beispiel eines von Aristoteles geführten Nichtschlüssigkeitsbeweises hier vorzuführen. 26 a 2—9 zeigt Aristoteles, daß es keinen bündigen Schluß gibt, wenn vorausgesetzt wird, daß A jedem B zukommt und B keinem C zukommt (I. Figur). Denn setzten wir in A, B und C das Begriffstripel Sinnenwesen, Mensch, Pferd ein, dann gelten die drei Sätze:

Sinnenwesen kommt allen Menschen zu
Mensch kommt keinem Pferd zu
Sinnenwesen kommt allen Pferden zu.

Der dritte Satz, der in der für die Konklusion eines Syllogismus typischen Weise A auf C bezieht, kann aber nicht als aus den Prämissen qua Prämissen erschlossener Satz gelten. Denn anderenfalls müßte sich für jedwedes Begriffstripel, das hinsichtlich Qualität und Quantität den Prämissen genügt, die hinsichtlich Qualität und Quantität gleiche Konklusion ergeben. Das ist aber nicht der Fall, wie man sieht, wenn in A, B und C das Begriffstripel Sinnenwesen, Mensch, Stein eingesetzt wird. Man erhält in diesem Falle die drei Sätze:

> Sinnenwesen kommt allen Menschen zu
> Mensch kommt keinem Stein zu
> Sinnenwesen kommt keinem Stein zu.

In einigen Fällen von Nichtschlüssigkeitsbeweisen treten gewisse Komplikationen auf, mit denen Aristoteles allerdings durch zusätzliche Erwägungen fertig wird. Darauf brauchen wir hier nicht einzugehen. Wohl aber ist es nötig, darauf hinzuweisen, daß die Behauptung, ein gewisses Prämissenpaar liefere keinen bündigen Syllogismus, die Möglichkeit nicht ausschließt, aus diesem Prämissenpaar einen gültigen Schluß abzuleiten. Diese Möglichkeit besteht z. B. in dem zitierten Falle: aus den Prämissen A a B und B e C läßt sich, wie Aristoteles 29 a 23—26 zeigt, die Konklusion C o B ableiten. Hier liegt aber eben kein Syllogismus mehr vor, da zufolge der obigen Kennzeichnung in einem Syllogismus der I. Figur der Oberbegriff Prädikat der Konklusion und der Unterbegriff ihr Subjekt sein müssen. Die Möglichkeit, durch Vertauschung der Prämissen die für die IV. Figur typische Begriffsanordnung herzustellen und dann also den Schluß

> B e C
> A a B
> ———
> C o A

als einen gültigen Modus der IV. Figur auszugeben, hat Aristoteles, wie erwähnt, nicht in Erwägung gezogen.

Im folgenden werden wir zunächst, getrennt nach den drei von Aristoteles anerkannten Figuren, die gültigen Syllogismen aufzählen und ihnen die in der Tradition üblich gewordenen Merkworte zuordnen. Auf die Beweise ihrer Gültigkeit gehen wir hier noch nicht ein, sondern beschränken uns auf die Hervorhebung ihrer Eigentümlichkeiten, soweit diese ohne Bezugnahme auf ihre Beweise erkennbar sind. Was jene Merkworte anlangt, so genügt es fürs erste festzuhalten, daß sie entsprechend der Zahl der in einem Syllogismus enthaltenen Aussagen dreisilbig sind und jeder ihrer Vokale in entsprechender Reihenfolge Qualität und Quantität der Oberprämisse, der Unterprämisse und der Konklusion der durch sie bezeichneten Syllogismen angeben.

I. Figur:

Barbara	Celarent	Darii	Ferio
A a B	A e B	A a B	A e B
B a C	B a C	B i C	B i C
A a C	A e C	A i C	A o C

II. Figur:

Cesare	Camestres	Festino	Baroco
M e N	M a N	M e N	M a N
M a X	M e X	M i X	M o X
N e X	N e X	N o X	N o X

III. Figur:

Darapti	Felapton	Disamis	Datisi	Bocardo	Ferison
P a S	P e S	P i S	P a S	P o S	P e S
R a S	R a S	R a S	R i S	R a S	R i S
P i R	P o R	P i R	P i R	P o R	P o R

(IV. Figur):

Bamalip	Dimatis	Calemes	Fesapo	Fresison
B a A	B i A	B a A	B e A	B e A
C a B	C a B	C e B	C a B	C i B
A i C	A i C	A e C	A o C	A o C

Schon eine oberflächliche Betrachtung der drei von Aristoteles anerkannten Figuren und ihrer Modi läßt folgende Eigentümlichkeiten erkennen:

1. mindestens eine Prämisse eines gültigen Syllogismus muß eine allgemeine Aussage sein;

2. ist eine Prämisse verneinend, so muß auch die Konklusion verneinend sein und umgekehrt;

3. ist eine Prämisse partikulär, so muß auch die Konklusion partikulär sein (das Umgekehrte gilt nicht);

4. ist die Konklusion allgemein, so müssen beide Prämissen allgemein sein (das Umgekehrte gilt nicht);

5. in der I. Figur sind alle Aussageformen (d. h. a-, e-, i- und o-Aussagen) als Konklusionen vertreten (vgl. 26 b 30—33);

6. in der II. Figur sind sämtliche Konklusionen negative Aussagen (vgl. 28 a 7—9);

7. in der III. Figur sind sämtliche Konklusionen partikuläre Aussagen (vgl. 29 a 16—18);

8. in der I. Figur sind sämtliche Oberprämissen allgemeine Aussagen und sämtliche Unterprämissen bejahende Aussagen;

9. in der II. Figur sind sämtliche Oberprämissen allgemeine Aussagen;

10. in der III. Figur sind sämtliche Unterprämissen bejahende Aussagen.

Wenn auch die für alle bündigen Syllogismen geltenden Bestimmungen (1)—(4) selbstverständlich auf die Modi der IV. Figur zutreffen, so entziehen sich diese doch jeder den Ziffern (5)—(10) entsprechenden eigenen Charakteristik. Der Verdacht liegt nahe, daß die IV. Figur gar keine einheitliche Gruppe von Syllogismen repräsentiert. Im V. Kapitel werden wir sehen, daß es tatsächlich kein Zufall ist, daß die für alle Modi der II. Figur geltende Charakteristik (6) und (9) auch auf Calemes zutrifft, während die für alle Modi der III. Figur geltende Charakteristik (7) und (10) alle übrigen Modi der IV. Figur miterfaßt.

II. Die Beweisverfahren

Von den je 16 in jeder der drei Figuren, also insgesamt 48 möglichen Prämissenkombinationen hat Aristoteles in den Kapiteln A 4—6 auf dem oben angegebenen Wege 34 als unbrauchbar ausgeschieden. Jede der restlichen 14 Prämissenkombinationen liefert einen gültigen Syllogismus. Aber nur für 10 Syllogismen führt Aristoteles einen Gültigkeitsbeweis. Die Gültigkeit der verbleibenden 4 Syllogismen, die ausnahmslos der I. Figur angehören und auch die einzigen gültigen Modi dieser Figur darstellen, braucht seiner Meinung nach nicht bewiesen zu werden, weil sie offen zutage liegt. Jedenfalls setzt er sie in der Regel beim Beweis der Gültigkeit jener 10 eines Beweises bedürftigen Syllogismen voraus.

Das Verhältnis der Syllogismen, deren Gültigkeit bewiesen werden muß, zu den Syllogismen, die das nicht nötig haben, glaubt Aristoteles des näheren noch so bestimmen zu sollen, daß er letztere als „vollkommene" und erstere als „unvollkommene", aber der Vervollkommnung fähige Syllogismen bezeichnet. Das heißt doch, daß die unvollkommenen Syllogismen als gültige Modi ausgewiesen werden können, wenn es gelingt, sie vollkommen zu machen, sie — wie es im Text heißt — zu „vervollkommnen" bzw. zu „vollenden". Das heißt weiterhin, daß jeder von ihnen zu diesem Behufe, da es ja nur jene vier vollkommenen Syllogismen gibt, in einen dieser vier vollkommenen Syllogismen muß verwandelt werden können. Daß der Gültigkeitsbeweis der unvollkommenen Syllogismen stets so verlaufen müßte, behauptet Aristoteles nicht; er erwähnt vielmehr selbst eine Beweisart, die keinen vollkommenen Syllogismus herstellt. Doch auf die sog. Ekthesisbeweise, die einige Modi als gültig auszuweisen erlauben, dies aber nicht dadurch erreichen, daß sie aus ihnen vollkommene Modi herstellen, werden wir im Kapitel IV ausführlich eingehen. Hier beschäftigen wir uns ausschließlich mit den Gültigkeitsbeweisen, die Aristoteles als Vervollkommnungen bezeichnet und von denen er in dem die Behandlung der assertorischen Syllogistik abschließenden Kapitel A 7 behauptet, daß sie stets anwendbar seien („Man sieht aber auch, daß alle unvollkommenen Syllogismen durch die erste Figur vollendet werden" — 29 a 30—31).

Beweise der genannten Art werden von Aristoteles auch als Reduktionen verstanden und bezeichnet, insofern sie ja in der Tat die Gültigkeit der unvollkommenen Syllogismen auf diejenige der vollkommenen Modi „zurückzuführen" erlauben. Er kennt zwei verschiedene Reduktionsverfahren, nämlich den Beweis durch Prämissenkonversion und den indirekten Beweis (reductio ad impossibile). Beide stimmen, so verschieden sie im übrigen auch sein mögen, in einem wesentlichen Punkte überein: sie bedienen sich nur solcher Hilfsmittel, die mehr oder weniger versteckt in den zu reduzierenden Modi selbst enthalten sind. Zumindest behauptet Aristoteles dies, wenn er den unvollkommenen Syllogismus als einen solchen definiert, der, damit seine Notwendigkeit einleuchtet, „noch eines oder mehrerer bedarf, das zwar wegen der gegebenen Begriffe notwendig, aber in den Prämissen nicht ausdrücklich angenommen ist" (24 b 25—26).

Wenn der Beweis der Gültigkeit eines unvollkommenen Syllogismus, soll er dessen Vervollkommnung bewirken können, auf eine Reduktion hinauslaufen muß, wenn andererseits jeder Modus, auf den reduziert wird, der I. Figur angehört und jeder Modus, der reduziert werden soll, der II. oder III. Figur angehört, dann liegt es nahe, den Gültigkeitsbeweis eines Modus als die Feststellung der Möglichkeit zu verstehen, die Anordnung der in ihm enthaltenen Begriffe so zu verändern, wie es der I. Figur entspricht. Die Anordnung der Begriffe der Unterprämisse eines Modus der II. Figur stimmt aber nun mit derjenigen der Begriffe der Unterprämisse eines Modus der I. Figur überein, die Anordnung der Begriffe der Oberprämisse eines Modus der III. Figur dagegen mit derjenigen der Begriffe der Oberprämisse eines Modus der I. Figur. Es wird sich also darum handeln, bei einem Modus der II. Figur die Anordnung der Begriffe seiner Oberprämisse, bei einem Modus der III. Figur die Anordnung der Begriffe seiner Unterprämisse so zu verändern, wie es die I. Figur verlangt:

II			I			III	
M (M)	P (N)	→	P (A)	M (B)		P (P)	M (S)
M (M)	S (X)		M (B)	S (C)	←	S (R)	M (S)
P (N)	S (X)		P (A)	S (C)		P (P)	S (R)

(Die eingeklammerten Buchstaben sind die von Aristoteles in der Formulierung der Modi der drei Figuren verwendeten, die übrigen bezeichnen, in allen Figuren übereinstimmend, Oberbegriff = Prädikat der Konklusion, Mittelbegriff und Unterbegriff = Subjekt der Konklusion).

Da wir bereits wissen, daß solche Veränderungen durch Konversion bewirkt werden, Art und Möglichkeit einer Konversion aber davon abhängen, wie die Begriffe einer Aussage (Prämisse) aufeinander bezogen werden, können wir auf Anhieb sagen, daß ein Beweis durch Prämissenkonversion stets dann möglich sein wird, wenn der fragliche Modus der II. Figur (bzw. III. Figur)

a) eine Oberprämisse (bzw. Unterprämisse) besitzt, deren Konversion eine Aussage ergibt, die als Oberprämisse (bzw. Unterprämisse) eines Modus der I. Figur auftritt,

b) eine Unterprämisse (bzw. Oberprämisse) besitzt, die hinsichtlich ihrer Qualität und Quantität mit der Unterprämisse (bzw. Oberprämisse) des gleichen Modus der I. Figur übereinstimmt.

Von den Modi der II. Figur erfüllen Cesare und Festino, von den Modi der III. Figur Darapti, Datisi, Felapton und Ferison diese Voraussetzungen. Die durchgängig mit der Konversion jeweils einer einzigen Prämisse zu bestreitenden Beweise ihrer Gültigkeit lassen sich schematisch so wiedergeben:

II	Cesare	Celarent	Festino	Ferio
	M e N →	N e M	M e N →	N e M
	M a X	M a X	M i X	M i X
	N e X	N e X	N o X	N o X

III	Darapti	Darii	Datisi	Darii
	P a S	P a S	P a S	P a S
	R a S →	S i R	R i S →	S i R
	P i R	P i R	P i R	P i R
	Felapton	Ferio	Ferison	Ferio
	P e S	P e S	P e S	P e S
	R a S →	S i R	R i S →	S i R
	P o R	P o R	P o R	P o R

Daß bei den Modi Cesare und Festino der II. Figur zur Herstellung der ihnen entsprechenden Modi Celarent und Ferio der I. Figur jeweils die erste Prämisse konvertiert werden muß, drückt sich in ihren Merkworten darin aus, daß dem diese erste Prämisse bezeichnenden Vokal ein s folgt; das s bedeutet überdies, daß die Konversion keine Veränderung der Quantität verlangt, d. h. eine conversio simplex ist. Bei den Modi Datisi und Ferio der III. Figur folgt das s dem die zweite Prämisse bezeichnenden Vokal. Wie bei ihnen, so muß zur Herstellung der jeweils entsprechenden Modi der I. Figur auch bei den Modi Darapti und Felapton die zweite Prämisse konvertiert werden, nur daß im Falle dieser beiden Modi die Konversion eine Veränderung der Quantität verlangt, d. h. eine conversio per accidens sein muß, die durch den Konsonanten p bezeichnet wird.

Wie wir wissen, läßt sich die Konversion (conversio simplex) der e- und i-Aussage rückgängig machen, die Konversion (conversio per accidens) der a-Aussage dagegen nicht. Obwohl dieser Unterschied für die Beurteilung des Wertes der angegebenen Reduktionen erhebliche Konsequenzen hat, ist Aristoteles über ihn mit Stillschweigen hinweggegangen. Immerhin können nur die sich der conversio simplex bedienenden Reduktionen ohne weiteres als Gütigkeitsbeweise der entsprechenden Modi anerkannt werden. Denn wenn wir wissen wollen, ob aus der Gültigkeit eines vollkommenen Modus V diejenige eines unvollkommenen Modus U folgt, dann genügt es nicht zu wissen, daß sich V aus U herstellen läßt; vielmehr muß sich auch U als aus V herstellbar erweisen lassen, was nur möglich ist, wenn jene Reduktion von U auf V durch eine conversio simplex erfolgte. Aus den vorgeführten Reduktionen der Modi Darapti und Felapton folgt also noch nicht ihre Gültigkeit, wenn man nicht weitere Voraussetzungen macht, was bei Aristoteles aber eben nicht geschieht. Auf die Konsequenzen, die sich daraus für die Textinterpretation ergeben, gehen wir im III. Kapitel ein.

Der Übersicht über die gültigen Syllogismen auf S. 14 entnehmen wir, daß die Reduktion je eines Modus der II. und III. Figur, d. h. der Modi Camestres und Disamis, außer einer Prämissenkonversion eine Konversion der Konklusion zu verlangen scheint. Was es damit auf sich hat, wird deutlich, wenn wir folgende Überlegung anstellen: die allgemeine Kennzeichnung der I. Figur (S. 23, Ziffer 8) besagte, daß ihre Modi eine allgemeine Oberprämisse und eine bejahende Unterprämisse besitzen. Da überdies in ihr Modi mit bejahender

Oberprämisse und partikulärer Unterprämisse bzw. mit verneinender Oberprämisse und partikulärer Unterprämisse vorkommen, muß es möglich sein, diejenigen Modi der II. und III. Figur, die eine allgemeine Unterprämisse und eine bejahende Oberprämisse besitzen, durch Vertauschung der Prämissen (und eine Prämissenkonversion) in Modi der I. Figur zu verwandeln. Die Modi Camestres (II), Darapti und Disamis (III) erfüllen diese Voraussetzung.

Für Darapti würde eine Reduktion dieser Art nichts einbringen, weil der Modus der I. Figur, der sich aus ihm in der Tat herstellen läßt, eine Rückverwandlung ebensowenig wie oben zuläßt. Für Camestres und Disamis dagegen kann auf diesem Wege ein einwandfreier Gültigkeitsbeweis geführt werden:

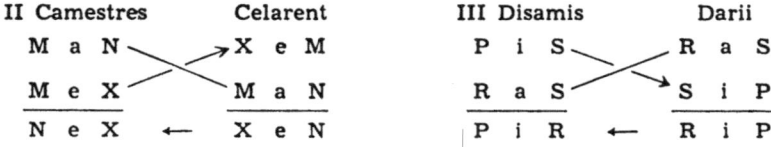

Aus den Beweisschemata geht hervor, daß die in den Merkworten durch das zweite s angedeutete Konversion nicht mit der Konklusion des zu reduzierenden Modus, sondern mit der Konklusion des Modus vorgenommen werden muß, auf den reduziert wird. Was die in den Merkworten durch das m angedeutete Prämissenvertauschung anlangt, so unterliegt sie keinen logisch irgendwie bedeutsamen Bedingungen. Aristoteles jedenfalls hatte nicht die geringsten Skrupel, bei der Formulierung der auf ihre Brauchbarkeit hin zu prüfenden Prämissenpaare die Prämissenreihenfolge beliebig zu verändern, wenn nur die Funktion der Begriffe in den Prämissen und in der Konklusion hinreichend deutlich markiert werden konnte. Zu letzterem Zwecke aber reichten die jeweils verwendeten Buchstaben völlig aus. Daß in vorliegendem Falle der Oberbegriff (bzw. Unterbegriff) des zu reduzierenden Modus U in dem Modus V, auf den er reduziert werden soll, die Funktion des Unterbegriffs (bzw. Oberbegriffs) zu übernehmen hat, geht aus der Stellung der Begriffe in der Konklusion des Modus V eindeutig hervor.

Dieser Funktionswechsel der Begriffe weist uns auf eine für die Interpretation wiederum konsequenzenreiche Besonderheit der soeben vorgeführten Beweisart hin, die Aristoteles freilich nur beiläufig erwähnt, vielmehr als Besonderheit überhaupt nicht kenntlich macht. Während die Reduktionen, die mittels einer einzigen Prämissenkonversion bewerkstelligt werden können, den jeweiligen unvollkommenen Modus in einen vollkommenen mit gleichem Ober- und gleichem Unterbegriff verwandeln, haben wir es hier wie gesagt mit der Reduktion eines unvollkommenen Modus U auf einen vollkommenen Modus V zu tun, dessen Oberbegriff (bzw. Unterbegriff) der Unterbegriff (bzw. Oberbegriff) von U ist. Der Brauchbarkeit der Reduktion als eines Gültigkeitsbeweises tut das gewiß keinen Abbruch; es stellt sich nur die Frage, was eigentlich reduziert wird: die Gültigkeit von U auf die von V oder — was dem ursprünglichen Sinn der Reduktion bzw. Vervollkommnung sicherlich besser entspräche — jener Syllogismus U selbst auf den Syllogismus V?

Die gleiche Frage wirft der indirekte Beweis (die reductio ad impossibile) auf, dem wir uns nun zuwenden wollen. Da keiner der vollkommenen Modi eine o-Aussage als Prämisse enthält, wird sich auch kein unvollkommener Modus mit einer o-Prämisse auf den bisher erörterten Wegen reduzieren lassen. Baroco (II) und Bocardo (III) sind aber in unserer Tabelle auf S. 22 als gültige Modi aufgeführt. Sie kommen, wie es A 7 heißt, „durch das Unmögliche zustande". Ihre Beweise werden hier gleichwohl wenigstens insofern als Reduktionen verstanden, als, „wenn das Falsche gesetzt wird, der Syllogismus durch die erste Figur erfolgt" (29 a 31—32 u. 35—36).

Worauf es beim indirekten Beweis ankommt, ist in diesen Formulierungen bereits angedeutet: das Falsche setzen, heißt (nach der Beschreibung, die Aristoteles von den indirekten Beweisen der Modi Baroco [27 a 36—b 1], Bocardo [28 b 17—20] und Darapti [29 a 36—39] gibt) annehmen, die Konklusion sei falsch, ihre Negation bzw. ihr kontradiktorischer Gegensatz also wahr. Diese Annahme, die selbst die für alle Prämissen vorgeschriebene Form besitzt, soll nun etwas zur Folge haben, was mit wenigstens einer der unverändert festgehaltenen Prämissen des zu beweisenden Modus „unmöglich" zusammen bestehen kann. Zur Folge aber wird sie nur etwas haben können, wenn sie sich mit der zur Feststellung dieser „Unmöglichkeit" nicht beanspruchten Prämisse jenes Modus zu einem Prämissenpaar eines Syllogismus, dessen Gültigkeit vorausgesetzt werden darf, also eines Syllogismus der I. Figur verbindet.

Einfacher ausgedrückt: wenn man eine Prämisse eines Syllogismus mit dem kontradiktorischen Gegensatz seiner Konklusion so kombiniert, daß ein Syllogismus in der I. Figur möglich wird, und wenn man fernerhin feststellt, daß die Konklusion dieses letzten Syllogismus mit der nicht benutzten Prämisse des ersten unverträglich ist, dann darf als erwiesen gelten, daß dieser erste Syllogismus gültig ist. Übrigens braucht sich jene Unverträglichkeit nicht unbedingt in einem kontradiktorischen Gegensatz der verglichenen Aussagen zu äußern; ihr konträrer Gegensatz würde für den genannten Zweck genügen, da, wie wir wissen, zwei Aussagen, die zueinander in konträrem Gegensatz stehen, nicht zugleich wahr sein können.

Die fraglose Gültigkeit der Modi der I. Figur wird, wie für das direkte, so auch für das indirekte Beweisverfahren vorausgesetzt. Damit aber diese Voraussetzung für den genannten Zweck auch ausgenutzt werden kann, muß es hier wie dort möglich sein, die erste Figur „herzustellen", dort aus den Prämissen des Modus, dessen Gültigkeit bewiesen werden soll, hier aus einer seiner Prämissen und der Negation seiner Konklusion. In A 7 stellt Aristoteles kategorisch fest: „Auf beide Weisen ergibt sich aber die erste Figur" (29 a 32—33). Und in der Tat belehrt uns die allgemeine Charakteristik der drei Figuren auf S. 23 dahingehend, daß die für den indirekten Beweis der Gültigkeit aller unvollkommenen Modi jeweils benötigten Modi der I. Figur auf die genannte Weise hergestellt werden können. Denn in der II. Figur sind

(1) sämtliche Konklusionen verneinende Aussagen, ihr kontradiktorischer Gegensatz mithin bejahende Aussagen (wie sämtliche Unterprämissen der Modi der I. Figur!);

(2) sämtliche Oberprämissen aber allgemeine Aussagen (wie sämtliche Oberprämissen der Modi der I. Figur!);

(3) überdies ist jedesmal das Subjekt der Oberprämisse Prädikat der Konklusion bzw. ihres kontradiktorischen Gegensatzes, so daß bei der Kombination der Oberprämisse mit der Negation der Konklusion sich eine Begriffsanordnung ergibt, die genau der der I. Figur entspricht.

Analog sind in der III. Figur

(1') sämtliche Konklusionen partikuläre Aussagen, ihr kontradiktorischer Gegensatz mithin allgemeine Aussagen (wie sämtliche Oberprämissen der Modi der I. Figur!);

Die Beweisverfahren 31

(2') sämtliche Unterprämissen bejahende Aussagen (wie sämtliche Unterprämissen der Modi der I. Figur!);
(3') überdies ist jedesmal das Subjekt der Konklusion bzw. ihres kontradiktorischen Gegensatzes Prädikat der Unterprämisse, so daß sich bei der Kombination der Negation der Konklusion mit der Unterprämisse eine Begriffsanordnung ergibt, die genau der der I. Figur entspricht.

Aristoteles hat den indirekten Beweis nur für die Modi Baroco (II), Bocardo und Darapti (III) tatsächlich geführt und die Möglichkeit, ihn zu führen, für Camestres (II), Felapton und Datisi (III) erwähnt. Es läßt sich aber die Gültigkeit sämtlicher unvollkommenen Modi indirekt beweisen. Diese Beweise können schematisch wie folgt gekennzeichnet werden:

II	Cesare	M	e	N		M	e	N		
		M	a	X		N	i	X	Ferio
		N	e	X		M	o	X		
	Camestres	M	a	N		M	a	N		
		M	e	X		N	i	X	Darii
		N	e	X		M	i	X		
	Festino	M	e	N		M	e	N		
		M	i	X		N	a	X	Celarent
		N	o	X		M	e	X		
	Baroco	M	a	N		M	a	N		
		M	o	X		N	a	X	Barbara
		N	o	X		M	a	X		
III	Darapti	P	a	S		P	e	R		
		R	a	S		R	a	S	Celarent
		P	i	R		P	e	S		
	Felapton	P	e	S		P	a	R		
		R	a	S		R	a	S	Barbara
		P	o	R		P	a	S		
	Disamis	P	i	S		P	e	R		
		R	a	S		R	a	S	Celarent
		P	i	R		P	e	S		
	Datisi	P	a	S		P	e	R		
		R	i	S		R	i	S	Ferio
		P	i	R		P	o	S		

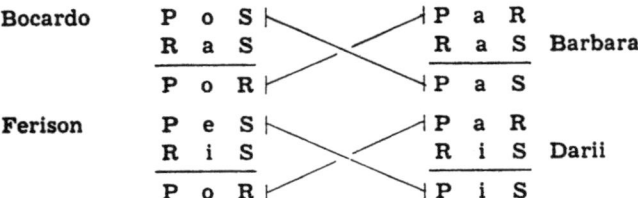

Bei den indirekten Beweisen sowohl der Modi der II. Figur als auch der Modi der III. Figur wird jeder Modus der I. Figur mindestens einmal als Voraussetzung in Anspruch genommen. Dieser Umstand läßt vermuten, daß alle Modi der I. Figur sowohl bei vorausgesetzter Gültigkeit der Modi der II. als auch bei vorausgesetzter Gültigkeit der Modi der III. Figur indirekt als gültig ausgewiesen werden können. Unsere Aufstellung bestätigt diese Vermutung: wir brauchen die aufgeführten Beweise nur gleichsam von rechts nach links zu lesen. Überlegungen der Art, wie wir sie im Anschluß an die allgemeine Figurencharakteristik angestellt haben, würden uns auch darüber belehren, daß die Modi der II. bzw. III. Figur bei vorausgesetzter Gültigkeit der Modi der III. bzw. II. Figur indirekt bewiesen werden können.

Im Rahmen der Darstellung der assertorischen Syllogistik (A 1—7) hat Aristoteles von der Möglichkeit, auch gewisse Modi der I. Figur indirekt zu beweisen, nur einmal Gebrauch gemacht: im Zuge der Bemühung, die Zahl der Modi zu verringern, deren Gültigkeit beim Beweis der Gültigkeit aller übrigen Modi vorausgesetzt werden muß, reduzierte er Darii über Camestres sowie Ferio über Cesare auf Celarent (29 b 1—15). Die jeweils ersten Teile dieser Reduktionen verlaufen so:

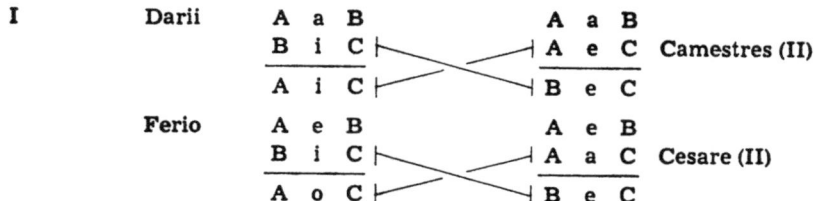

III. Die Relevanz der Syllogismus-Definition für die Interpretation der Kapitel A 4—6

„Ein Syllogismus ist ein sprachlicher Ausdruck, in dem, wenn etwas gesetzt ist, etwas anderes als das Gesetzte sich mit Notwendigkeit daraus ergibt, daß dieses ist. Mit dem ‚daraus, daß dieses ist' meine ich, daß es seinetwegen sich ergibt, und mit dem ‚daß es seinetwegen sich ergibt' dies, daß es keines weiteren Begriffes bedarf, damit das Notwendige zustande kommt.

Einen vollkommenen Syllogismus nenne ich nun den, der über das Angenommene hinaus keines weiteren bedarf, damit das Notwendige einleuchtet; einen unvollkommenen den, der dazu noch eines oder mehrerer bedarf, das zwar wegen der gegebenen Begriffe notwendig, aber nicht von den Prämissen ausdrücklich angenommen ist[1]."

Der erste Teil dieser Definition (erster Satz des Zitats) stimmt zwar nicht wörtlich, aber der Sache nach völlig überein mit der Syllogismus-Definition der Topik (100 a 25—27). Diese Tatsache (die ja doch besagt, daß Aristoteles seiner Syllogistik, wie sie uns in der Ersten Analytik vorliegt, eine Definition voranstellte, die aus einer Zeit stammte, in der er den bündigen Syllogismus noch nicht entdeckt hatte) legt den Verdacht nahe, daß jene Syllogismus-Definition für das Verständnis der Syllogistik nicht eben sehr ergiebig sein wird. Andererseits darf man wohl annehmen, daß Aristoteles, wenn er jene alte Definition der Topik in die Erste Analytik übernahm, dies in der Überzeugung von ihrer Brauchbarkeit tat. Oder sollte

---

[1] 24 b 18—26:
συλλογισμὸς δέ ἐστι λόγος ἐν ᾧ τεθέντων τινῶν ἕτερόν τι τῶν κειμένων ἐξ ἀνάγκης συμβαίνει τῷ ταῦτα εἶναι. λέγω δὲ τῷ ταῦτα εἶναι τὸ διὰ ταῦτα συμβαίνειν, τὸ δὲ διὰ ταῦτα συμβαίνειν τὸ μηδενὸς ἔξωθεν ὅρου προσδεῖν πρὸς τὸ γενέσθαι τὸ ἀναγκαῖον.
τέλειον μὲν οὖν καλῶ συλλογισμὸν τὸν μηδενὸς ἄλλου προσδεόμενον παρὰ τὰ εἰλημμένα πρὸς τὸ φανῆναι τὸ ἀναγκαῖον, ἀτελῆ δὲ τὸν προσδεόμενον ἢ ἑνὸς ἢ πλειόνων, ἃ ἔστι μὲν ἀναγκαῖα διὰ τῶν ὑποκειμένων ὅρων, οὐ μὴν εἴληπται διὰ προτάσεων.

man glauben, er habe beim Festhalten an dieser Definition etwa übersehen, daß seine Syllogistik Schlußformen enthält, die zwar der Definition des Syllogismus genügen, aber tatsächlich keine Syllogismen sind? Und sollte man ihr also, wie es dem heutigen Verständnis der Sache entspricht, entgegenhalten, daß sie viel zu weit sei, da „ihr nämlich jede logisch wahre Behauptung einer Implikation zwischen Sätzen, deren Nachsatz von den Vordersätzen verschieden ist"[2], genüge?

Wir konstatieren zunächst folgende Tatsachen:

1. Aristoteles gibt eine Definition des Syllogismus, der außer diesem, wie er ihn versteht, auch andere Schlüsse genügen. Von Interesse sind hier nur die Konversionsschlüsse, da man kaum voraussetzen kann, daß Aristoteles die aussagenlogischen Regeln, deren stillschweigenden Gebrauch man ihm heute unterschiebt[3], gekannt oder benutzt hat. Syllogismen aber nennt er nur die unter diesem Namen bekannten Schlüsse. Er muß also einen Grund gehabt haben, den Konversionsschlüssen diesen Titel vorzuenthalten.

2. Aristoteles behauptet, daß die Syllogismen die einzig möglichen formalen Beweismittel seien[4], obwohl er die Schlüssigkeit der unvollkommenen Syllogismen durch ihre Reduktion auf die vollkommenen beweist, also mittels der Konversionsschlüsse (wo dies nicht möglich ist, indirekt, wobei die Schlüssigkeit der vollkommenen Syllogismen ebenfalls vorausgesetzt ist). Die Konversionsschlüsse sollen nach (1) keine Syllogismen, können dann aber auch keine formalen Beweismittel sein. Gewisse Zweifel, ob Aristoteles ihre Anwendung nicht doch an einigen Stellen Beweise nennt, brauchen uns hier nicht zu bekümmern, da es vorerst nur darum geht, auf eine vermeintliche Unstimmigkeit zwischen methodologischer Charakteristik und praktizierter Methode hinzuweisen. Auch hier wird man nach Gründen Ausschau halten müssen.

3. Was für die Konversionsschlüsse unter (1) und (2) ausgeführt wurde, gilt im wesentlichen auch für das kontradiktorische Verhältnis der Satzformen A a B und A o B bzw. A e B und A i B, das im

---

[2] Patzig, S. 54.
[3] Lukasiewicz, S. 61, und Patzig, S. 161.
[4] Einschlägige und m. E. richtig interpretierte Belege bei Patzig, S. 137 f.

indirekten Beweis (reductio ad impossibile) der unvollkommenen Syllogismen bzw. in den Beweisen der Konvertierbarkeit der Prämissenformen e, a und i benutzt wird. In Schlußform gebracht, würden diese Verhältnisse so aussehen: „Aus der Verneinung von A a B folgt A o B" und „aus der Verneinung von A o B folgt A a B" bzw. „aus der Verneinung von A e B folgt A i B" und „aus der Verneinung von A i B folgt A e B". Aristoteles hat sich in den Fällen, in denen er sich auf jenes kontradiktorische Verhältnis berufen mußte, nicht ausdrücklich der ihnen entsprechenden Schlüsse bedient. Hätte er es getan, dann wäre auch ihnen die Ehre, Syllogismen, also nach (2) Beweisformen, genannt zu werden, nicht zuteil geworden (daß man dies behaupten darf, wird sich im folgenden zeigen). Auch hier stellt sich die Frage: warum nicht?

Also: Warum nennt Aristoteles die Konversionsschlüsse nicht Syllogismen, obwohl sie deren Definition genügen (1); warum scheut er nicht einmal die Konsequenz, ihnen den Charakter von Beweisformen abzusprechen, obwohl er sich ihrer als solcher bedient (2)? Und warum schließlich scheut er sich, die Ausnützung des kontradiktorischen Verhältnisses gewisser Satzformen Syllogismen, mithin Beweisformen, zu nennen?

Man darf vermuten, daß als möglicher Grund nur der ernsthaft in Betracht gezogen werden kann: weder die Konversionsschlüsse noch die dem kontradiktorischen Verhältnis gewisser Satzformen entsprechenden Schlüsse haben eine von den Syllogismen unabhängige Stringenz.

Zunächst: warum sollen jene Schlüsse keine Beweise sein? Und wenn sie keine Beweise sind, was sollen sie dann sein?

Die Alternative zum Beweis ist für Aristoteles die Definition: „Der Beweis handelt nicht von dem, worauf die Definition aus ist. Ist doch Gegenstand der Definition das ‚was ist es' und die Wesenheit; alle Beweise setzen offensichtlich voraus und legen zugrunde, was etwas ist[5]."

Hieraus folgern zu wollen, daß die in Frage stehenden vermeintlichen Beweisformen in Wahrheit Definitionen seien, wäre gewiß

---

[5] 90 b 29—32:
οὐ γάρ ἐστιν ἀπόδειξις οὗ ὁρισμός. ὁρισμὸς μὲν γὰρ τοῦ τί ἐστι καὶ οὐσίας. αἱ δ' ἀποδείξεις φαίνονται πᾶσαι ὑποτιθέμεναι καὶ λαμβάνουσαι τὸ τί ἐστιν.

etwas voreilig; man darf aber annehmen, daß sie mit diesen etwas zu tun haben. Prüfen wir also zunächst, weil wir uns mit ihnen leichter tun, die kontradiktorischen Verhältnisse der oben genannten Satzformen. Patzig hatte behauptet, Aristoteles könne sich bezüglich des kontradiktorischen Verhältnisses zwischen Sätzen der Form A a B und A o B „nicht, wie bei der Prämissenkonversion, auf einführende Bemerkungen unserer Abhandlung selbst berufen"[6]. Diese „einführenden Bemerkungen", ohne die die Syllogismus-Definition offensichtlich unvollständig wäre, enthalten immerhin die folgende Definition: „Wir sagen aber, daß etwas von jedem ausgesagt wird, wenn sich keines von denen, die unter das Subjekt fallen, aufweisen läßt, von dem das andere nicht gelten würde" (A a B dann und nur dann, wenn nicht A o B); „mit dem ‚von keinem ausgesagt werden' verhält es sich analog" (A e B dann und nur dann, wenn nicht A i B)[7]. Wer wollte leugnen, daß in dieser Definition das sogenannte logische Quadrat (dem allerdings noch sozusagen die Seiten fehlen) enthalten ist?

Daß es sich mit den Konversionsschlüssen grundsätzlich anders verhält, ist kaum anzunehmen. Zwar werden diese nicht nur als Beweismittel benutzt, sondern auch selbst bewiesen. Doch bevor letzteres geschieht, heißt es: „Da jede Prämisse... eine solche des Zukommens... ist, da ferner von ihnen (von den Prämissen) die einen ihrer jeweiligen Aussageweise entsprechend bejahende, die anderen verneinende sind und von den bejahenden und verneinenden wiederum die einen allgemeine, die anderen partikuläre... sind, so muß die das Zukommen allgemein verneinende Prämisse in ihren Begriffen umkehrbar sein... Die bejahende Prämisse muß zwar umkehrbar sein, doch nicht so, daß sich eine allgemeine, sondern so, daß sich eine partikuläre Prämisse ergibt... Von den partikulären Prämissen aber muß zwar die bejahende sich in eine partikuläre umkehren lassen..., die verneinende aber nicht[8]." Hier wird doch offen-

---

[6] Patzig, S. 161.

[7] 24 b 28—30:
λέγομεν δὲ τὸ κατὰ παντὸς κατηγορεῖσθαι ὅταν μηδὲν ᾖ λαβεῖν τῶν τοῦ ὑποκειμένου καθ' οὗ θάτερον οὐ λεχθήσεται· καὶ τὸ κατὰ μηδενὸς ὡσαύτως.

[8] 25 a 1—12:
ἐπεὶ δὲ πᾶσα πρότασίς ἐστιν ἢ τοῦ ὑπάρχειν ἢ τοῦ ἐξ ἀνάγκης ὑπάρχειν ἢ τοῦ ἐνδέχεσθαι ὑπάρχειν, τούτων δὲ αἱ μὲν καταφατικαὶ αἱ δὲ ἀποφατικαὶ καθ' ἑκάστην πρόσρησιν, πάλιν δὲ τῶν καταφατικῶν καὶ ἀποφατικῶν αἱ μὲν καθόλου

bar aus dem zuvor definierten Begriff des Zukommens[9] bzw. Ausgesagtwerdens eine unmittelbar einleuchtende Konsequenz gezogen. Man mag darüber streiten, ob die sich anschließenden Beweise der Konvertierbarkeit der e-, a- und i-Prämisse sowie der Nichtkonvertierbarkeit der o-Prämisse Beweise im Sinne der aristotelischen Terminologie sind. Gewiß aber ist, daß die Ableitbarkeit der Konversionsschlüsse aus dem durch das logische Quadrat definierten Begriff des Zukommens ein Problem, das einigen Kommentatoren Kummer bereitete, nicht etwa aus der Welt schafft, sondern gar nicht erst aufkommen läßt, das Problem nämlich, wie es möglich sei, daß eben dieselben Syllogismen, aus denen gewisse andere Syllogismen bewiesen werden, auch die Beweismittel liefern, durch die letztere bewiesen werden[10]. Wenn es richtig ist, daß der in den Prämissen und in der Konklusion benutzte Begriff des Zukommens alle für die Konversion und die reductio ad impossibile erforderlichen Argumente hergibt, dann kann Aristoteles' Behauptung, daß die Beweise der Gültigkeit der unvollkommenen Syllogismen als Beweisgrund nur die Gültigkeit der vollkommenen in Anspruch zu nehmen brauchen, unmöglich falsch oder auch nur rätselhaft sein.

Nach wie vor fraglich ist aber, was Aristoteles eigentlich meint, wenn er sagt, die unvollkommenen Syllogismen bedürften der Ver-

---

αἱ δὲ ἐν μέρει αἱ δὲ ἀδιόριστοι, τὴν μὲν ἐν τῷ ὑπάρχειν καθόλου στερητικὴν ἀνάγκη τοῖς ὅροις ἀντιστρέφειν, οἷον εἰ μηδεμία ἡδονὴ ἀγαθόν, οὐδ' ἀγαθὸν οὐδὲν ἔσται ἡδονή· τὴν δὲ κατηγορικὴν ἀντιστρέφειν μὲν ἀναγκαῖον, οὐ μὴν καθόλου ἀλλ' ἐν μέρει, οἷον εἰ πᾶσα ἡδονὴ ἀγαθόν, καὶ ἀγαθόν τι εἶναι ἡδονήν· τῶν δὲ ἐν μέρει τὴν μὲν καταφατικὴν ἀντιστρέφειν ἀνάγκη κατὰ μέρος (εἰ γὰρ ἡδονή τις ἀγαθόν, καὶ ἀγαθόν τι ἔσται ἡδονή), τὴν δὲ στερητικὴν οὐκ ἀναγκαῖον· οὐ γὰρ εἰ ἄνθρωπος μὴ ὑπάρχει τινὶ ζῴῳ, καὶ ζῷον οὐχ ὑπάρχει τινὶ ἀνθρώπῳ.

[9] Hier und im folgenden bediene ich mich dieser Abkürzung, meine aber selbstverständlich die Definition des „von jedem ausgesagt werden" bzw. „von keinem ausgesagt werden".

[10] Patzig, S. 138 f. Die in der systematischen Behandlung der assertorischen Syllogismen gestellte Frage lautet übrigens nicht: wie können Syllogismen bewiesen werden?, sondern: welche Prämissenkombinationen ergeben einen bündigen Syllogismus? Wenn Patzig dies durchgängig beachtet hätte, wäre ihm die recht aufwendige Erörterung der (durch gewisse Fehlinterpretationen der Tradition nahegelegten) Frage, ob reduziert oder bewiesen wird, ob es sich um den Beweis eines Syllogismus oder um den seiner Konklusion handelt, erspart geblieben.

Ähnliche Skrupel bezüglich des im Text formulierten Problems hat auch Rose, S. 84.

vollkommnung, damit ihre Gültigkeit einleuchtet. Gemeinhin wird die Unvollkommenheit als Beweisbedürftigkeit, die Vervollkommnung mithin als Beweis verstanden. Patzig scheint mir dem, was der Begriff meint, nähergekommen zu sein, wenn er unter Rückgriff auf die aristotelische Definition des unvollkommenen Syllogismus an die Notwendigkeit dachte, dem unvollkommenen Syllogismus zur Evidenz zu verhelfen[11]. Seine breit angelegte Interpretation kommt aber rasch mit Aristoteles' Begriff der Vervollkommnung in Konflikt. Patzig deutet nämlich die Prämissen des aristotelischen Syllogismus als „Übergänge", die vom Oberbegriff (bzw. Mittelbegriff) als „Anfangspunkt" zum Mittelbegriff (bzw. Unterbegriff) als „Endpunkt" führen, und die Konklusion dementsprechend als einen die beiden Prämissenschritte gleichsam zusammenziehenden und insofern sich als zulässig ausweisenden „Übergang"[12]. Bringt man nun mit Patzig die Evidenz der vollkommenen Syllogismen damit in Zusammenhang, daß sich bei Ausschluß der Konversen der Relationen a, e, i und o nur sie „normieren", d. h. so formulieren lassen, daß der „Anfangspunkt" der Unterprämisse unmittelbar dem „Endpunkt" der Oberprämisse folgt (bzw., wie Patzig ja wohl höchst ungenau sagt, mit ihm „zusammenfallen"), dann können die unvollkommenen Syllogismen auf keine Weise evident gemacht, d. h. in vollkommene Syllogismen verwandelt werden. Die von Aristoteles gleichwohl behauptete Möglichkeit ihrer Verwandlung in vollkommene Syllogismen würde mithin nicht das geringste an ihrer eigenen Unvollkommenheit ändern, sofern man diese so versteht, wie es Patzig tut. Diese Konsequenz ist alles andere als überraschend; überraschen muß nur, daß Patzig sie unter den Strich verweist[13], tangiert sie doch auch durchaus seine Deutung der Vollkommenheit von Syllogismen: wie will man etwas über die Vollkommenheit entscheiden können, ohne zuvor mit der Unvollkommenheit ins Reine gekommen zu sein?

„Einen unvollkommenen (Syllogismus nenne ich) den, der dazu (damit das Notwendige einleuchtet) noch eines oder mehrerer bedarf, das zwar wegen der gegebenen Begriffe notwendig, aber nicht von den Prämissen ausdrücklich angenommen ist" (24 b 24—26). Diese Definition

---

[11] Patzig, S. 57/8.
[12] Patzig, S. 60; so auch Ebbinghaus, S. 50, und Wieland, S. 14.
[13] Patzig, S. 141, Anm. 2.

des unvollkommenen Syllogismus legt die Vermutung nahe, mit der Vervollkommnung eines unvollkommenen Syllogismus könne nichts anderes als die Explikation der Bedingungen seiner Gültigkeit gemeint sein. Eine dieser Bedingungen, die überdies alle übrigen implicite enthält, ist unleugbar, wie ich meine, die Gültigkeit jeweils desjenigen vollkommenen Syllogismus, auf den der unvollkommene reduziert wird; welche Gültigkeit ihrerseits nicht unbedingt nach ausweisbaren Gründen verlangt, gleichwohl aber von im Syllogismus selbst formulierten und seine Evidenz allererst bewirkenden Bedingungen abhängt.

Lassen wir das Letzte vorerst auf sich beruhen und halten wir nach Möglichkeiten Ausschau, jene Vermutung, daß die Vervollkommnung eines Syllogismus nichts anderes als die Explikation der Bedingungen seiner Gültigkeit ist, anhand der von Aristoteles tatsächlich praktizierten Vervollkommnung zu bestätigen. Da fällt zunächst auf, daß er gewissen Verfahren stets vor gewissen anderen den Vorzug gibt. Warum bedient er sich bei den „Beweisen"[14] der unvollkommenen Syllogismen des in allen Fällen anwendbaren indirekten Beweisverfahrens nur dort, wo das Verfahren durch Prämissenkonversion nicht praktikabel ist, bzw. erwähnt es in anderen Fällen nur als zusätzliche Möglichkeit[15]? Wenn Aristoteles, wie ich im folgenden voraussetzen will, einen triftigen Grund hatte, als Beweismittel nur den Syllogismus anzuerkennen, dann konnte beim Beweis der unvollkommenen Syllogismen für ihn die Frage nicht sein, ob die Satzkonversion gegenüber der reductio ad impossibile die „natürlichere" Verfahrensweise sei oder ob diese vor jener den Vorzug verdiene (vgl. Anmerkung 15). Wohl aber mußte sich ihm die Frage stellen, ob jedem unvollkommenen Syllogismus als „natürliches" Beweismittel jeweils ein bestimmter vollkommener Syllogismus zuzuordnen sei.

---

[14] Von Beweisen spreche ich absichtlich nur mit Vorbehalt.

[15] Zu voreilig, d. h. ohne nach Gründen zu fragen, bezeichnet Patzig das Beweisverfahren durch Prämissenkonversion als das nach Aristoteles' Geschmack „offenbar natürlichere" und trägt keine Bedenken zu folgern: „Die Häufigkeit der Verwendung einer Beweisart ist also ein Kriterium für ihre Einstufung durch Aristoteles hinsichtlich ihrer Beweiskraft" (S. 144). Wie soll sich diese Folgerung mit der auch von Patzig nicht bestrittenen Tatsache vertragen, daß Aristoteles, bevor er sich der Konversionsregeln bediente, sie ohne Ausnahme indirekt bewiesen hatte?

1. Es wird ihm aufgefallen sein, daß in jedem einzelnen Falle, in dem sowohl ein indirekter Beweis als auch ein solcher durch Satzkonversion möglich ist (das trifft mit Ausnahme von Baroco (II) und Bocardo (III) auf alle unvollkommenen Syllogismen zu), die Beweisverfahren jeweils einen anderen vollkommenen Syllogismus „herstellen"[16].

Aus der Tatsache, daß Aristoteles dem Beweisverfahren durch Satzkonversion den Vorzug gibt, können wir erschließen, daß er die durch dieses Verfahren „herstellbaren" vollkommenen Syllogismen für das jeweils angemessene Beweismittel gehalten haben muß[17].

2. Die Vervollkommnung eines unvollkommenen Syllogismus, sofern man sie mit seiner Verwandlung in einen vollkommenen beendet sein läßt, kann als Beweis seiner Gültigkeit nur dann gelten, wenn man mit Patzig unterstellt, daß ihr eine etwa folgendermaßen lautende Regel zugrunde lag: „Wenn der Syllogismus X gültig ist, so ist auch jeder Syllogismus gültig, dessen Prämissen die Prämissen des Syllogismus X implizieren und dessen Conclusio von der Conclusio des Syllogismus X impliziert wird" (a. a. O. S. 144/5). Diese Regel mag zwar trivial sein, ihre Anwendung hätte Aristoteles aber schon deshalb nicht verschweigen dürfen, weil sie seiner Behauptung widerspricht, der Syllogismus sei sein einziges Beweismittel. Für uns ist dies Grund genug zu fragen, ob er sich unbedingt ihrer hat bedienen müssen. Der Berufung auf sie bedurfte es gewiß in all den Fällen nicht, in denen sich die Verwandlung des unvollkommenen Syl-

---

[16] So verwandelt z. B. der Beweis durch Konversion den Modus Cesare (II) in Celarent, während der indirekte Beweis die Gültigkeit von Ferio voraussetzen muß; entsprechend ist es in allen übrigen Fällen. Auch der Umweg über die III. Figur bei den Modi der II. bzw. über die II. Figur bei den Modi der III. führt nie dahin, daß der Beweis durch Satzkonversion denjenigen vollkommenen Syllogismus „herstellt", dessen Gültigkeit der indirekte Beweis voraussetzen muß. Der scheinbar günstigste Fall, nämlich der Beweis von Festino (II) über Ferison (III), der auf dem ersten Wege zu Ferio führt, bleibt auf dem zweiten Wege beim subkonträren Verhältnis zwischen der Konklusion von Ferison und der nicht benutzten Prämisse von Festino stecken.

[17] Von Datisi (III) sagt Aristoteles, daß seine Gültigkeit „auf dieselbe Art bewiesen werde" (28 b 13—14) wie die von Disamis (III). Das kann, da der Beweisverlauf hier und dort unverkennbar ein anderer ist, doch nur heißen: das in beiden Fällen einzusetzende Beweismittel ist der vollkommene Modus Darii. Vgl. auch die entsprechend interpretierbaren Bemerkungen zu Cesare und Camestres (27 a 12—14).

logismus in den entsprechenden vollkommenen rückgängig machen läßt, die logische Gleichwertigkeit der jeweils einander zugeordneten Prämissen einerseits und der Konklusionen andererseits also gesichert ist. Diese Bedingung ist bei allen „direkt" beweisbaren Syllogismen mit Ausnahme von Darapti (III) und Felapton (III) erfüllt. Der Beweis eines unvollkommenen Syllogismus aus einem vollkommenen würde demgemäß bedeuten, daß der aus dem unvollkommenen „hergestellte" vollkommene Syllogismus in den unvollkommenen zurückverwandelt werden muß. Hat sich Aristoteles diese Rückverwandlung nur erspart, weil er seinem Leser die Fähigkeit zutrauen durfte, die von ihm ausdrücklich vorgenommenen Konversionen auf eigene Faust noch einmal vorzunehmen? Mir scheint es dem Begriff der Vervollkommnung besser zu entsprechen, wenn man annimmt, Aristoteles habe seine Aufgabe mit dem Aufweis jeweils desjenigen vollkommenen Syllogismus als erfüllt betrachtet, dessen Gültigkeit die Gültigkeit auch des entsprechenden unvollkommenen Syllogismus garantiert. Dem unvollkommenen Syllogismus werden auf diese Weise, wie ich oben sagte, die Bedingungen seiner Gültigkeit hinzugefügt, und das eben ist seine Vervollkommnung. Es tangiert diese Deutung nicht, wenn festgestellt werden kann und muß, daß Aristoteles gelegentlich von Beweisen spricht: denn die Gewißheit der Beweisbarkeit ist ein notwendiges Requisit der Vervollkommnung.

Der indirekte Beweis liefert niemals denjenigen vollkommenen Syllogismus, aus dem der entsprechende unvollkommene „hergestellt" werden kann; er ist eine tunlichst zu vermeidende Verlegenheitslösung, auf die allerdings nicht nur dann zurückgegriffen werden muß, wenn, wie im Falle Baroco (II) und Bocardo (III), die Anwendung der Konversionsregeln zu gar keinem Ziele führt, sondern auch dann, wenn, wie im Falle Darapti und Felapton (III), die Möglichkeit der Rückverwandlung nicht gesichert ist. Von Vervollkommnung wird man in diesen Fällen nur mit Vorbehalt sprechen dürfen, und es ist gewiß kein Zufall, daß Aristoteles bei Darapti und Felapton als zweite Möglichkeit den indirekten Beweis ausdrücklich erwähnt[18].

---

[18] Ebensowenig wird es ein Zufall sein, daß die die Behandlung der Modi einer Figur abschließenden Bemerkungen nur im Falle der I. Figur der Definition des Syllogismus pünktlich entsprechen:

3. Gemäß der Definition des unvollkommenen Syllogismus soll dasjenige, dessen es „bedarf, damit das Notwendige einleuchtet", „zwar wegen der gegebenen Begriffe notwendig, aber nicht von den Prämissen ausdrücklich angenommen" sein. Mir scheint folgende Übersetzung geboten: Der „direkte" Beweis (nur auf ihn passen ja diese Hinweise) kann zwar auf etwas rekurrieren, was unbeschadet seiner durch die gegebenen Begriffe garantierten Notwendigkeit durch geeignete Umformung (d. h. Konversion gemäß den Konversionsregeln) allererst artikuliert werden muß; er soll aber auf es nur rekurrieren dürfen, sofern es die *in den Prämissen* auftretenden Begriffe gestatten.

Diese Beschränkung, deren logische Relevanz schon deshalb kaum einleuchten mag, weil die Art und Weise, in der die Begriffe der Konklusion aufeinander bezogen werden müssen, laut Syllogismus-Definition durch die Prämissen festgelegt sein soll, läßt gleichwohl Rückschlüsse auf den Zweck zu, dem nach Aristoteles' Meinung die Vervollkommnung der unvollkommenen Syllogismen dienen soll: die „Herstellung" desjenigen vollkommenen Syllogismus, der die Konklusion des unvollkommenen als legitime Konklusion aus den vorgelegten Prämissen ausweist.

„Einen vollkommenen Syllogismus nenne ich nun den, der über das Angenommene hinaus keines weiteren bedarf, damit das Notwendige einleuchtet" (24 b 22—24).

I. „Offenbar sind auch alle Syllogismen in ihr (in dieser Figur) vollkommen; denn alle werden durch das zu Anfang Angenommene vollendet" (26 b 28—30).

„Einen unvollkommenen den, der dazu noch eines oder mehrerer bedarf, das zwar wegen der gegebenen Begriffe notwendig, aber nicht von den Prämissen ausdrücklich angenommen ist" (24 b 24—26).

II. „Offenbar sind auch alle Syllogismen in dieser Figur unvollkommen (denn alle werden erst vollendet, wenn man etwas hinzunimmt, was entweder sich aus den Begriffen ergibt oder wie Voraussetzungen angenommen wird, wie es geschieht, wenn wir durch das Unmögliche beweisen)" (28 a 4—7).

III. „Offenbar sind auch alle Syllogismen in dieser Figur unvollkommen (denn alle werden erst vollendet, wenn man etwas hinzunimmt)" (29 a 14—16).

Die allgemeine Charakteristik der Modi der II. Figur gesteht auch andere als die durch die Syllogismus-Definition zugelassenen Vollendungsverfahren zu, diejenige der Modi der III. Figur sagt nichts über das Hinzuzunehmende aus, unterläßt es also, sich auf jene Verfahren festzulegen.

Dementsprechend formuliert Aristoteles in der Regel den ganzen Syllogismus, dessen Gültigkeit in Frage steht, bevor er den „Beweis" antritt. Den Erfordernissen dieses Beweises ist Genüge getan, wenn unter ausschließlicher Bezugnahme auf die Prämissen derjenige vollkommene Syllogismus „hergestellt" ist, dessen Konklusion mit der Konklusion des Ausgangssyllogismus übereinstimmt. Selbstverständlich ist dabei vorausgesetzt, daß seine Prämissen sich in die des Ausgangssyllogismus zurückverwandeln lassen. Die Beweise von Darapti und Felapton erfüllen, wie festgestellt, diese Voraussetzung nicht.

Auch die Modi Camestres (II) und Disamis (III) passen nicht ins Bild. Zwar lassen sie sich aus Celarent bzw. Darii ebenso „direkt" herstellen, wie diese aus ihnen hergestellt wurden: ihre Gültigkeit ist also direkt beweisbar. Aber es ist doch offensichtlich mehr als nur ein Schönheitsfehler, daß die Sanktionierung ihrer Konklusionen als Konklusionen aus den vorgelegten Prämissen einer zusätzlichen Berufung auf die Konversionsregeln bedarf. Auch hier bietet Aristoteles als zusätzliche Möglichkeit den indirekten Beweis an. Es mag stören, daß er diese Möglichkeit für Disamis erst im Anschluß an die Formulierung von Datisi erwähnt; aber da für den Beweis von Datisi lediglich Disamis als Beweismuster angegeben, er also als durch den Beweis von Disamis miterledigt betrachtet wird, ist die Vermutung unabweisbar, daß sich jener Hinweis auf die indirekte Beweisbarkeit auch auf Disamis bezieht.

4. Vielleicht dachte Aristoteles an die Modi Camestres und Disamis, wenn er in der Definition des unvollkommenen Syllogismus von „einem oder mehreren" sprach, dessen es zu seiner Vervollkommnung bedarf. Wenn man diese Definition ernst nimmt, wird man in der Tat nicht umhin können, die Zahl der zur Vervollkommnung unvollkommener Syllogismen erforderlichen Maßnahmen zu berücksichtigen. Aber wo soll man mit der Auszählung beginnen, wenn man nicht, wie Patzig, die Beweise der Konvertierbarkeit der e-, a- und i-Sätze zu den „einführenden Bemerkungen"[19] schlagen und ohne Grund den „systematischen Teil"[20] erst mit A 4 beginnen lassen will?

---

[19] Patzig, S. 161.
[20] Patzig, Kptl. V, insbesondere S. 166, wo von den „systematischen Kapiteln A 4—6" und der „systematischen Zusammenfassung A 7" die Rede ist.

Gegen diese m. E. willkürliche Beschränkung des „systematischen Teils" spricht die folgende zwar nie übersehene, aber in der modernen Aristoteles-Interpretation[21] geflissentlich bagatellisierte Tatsache: die Formulierung keines einzigen vollkommenen (assertorischen) Syllogismus unterläßt es, ausdrücklich auf die (dann doch ganz sicher nicht zu den bloß „einführenden Bemerkungen" gehörende) Definition der Wendung „von jedem" bzw. „von keinem ausgesagt werden" hinzuweisen. Daß das auch für Celarent gilt, scheint mir durch das die Formulierung dieses Modus einleitende „in gleicher Weise" gesichert zu sein. Für Darii wird der der Definition entsprechende Gebrauch des Zukommens-Begriffs geradezu als Bedingung dafür ausgegeben, daß die Konklusion als Konklusion aus den Prämissen verstanden werden kann[22].

Die Auflage, jene Definition auch in den Fällen zu beachten, in denen sie unmittelbar nur jeweils auf die erste Prämisse angewendet werden kann, also bei Darii und Ferio, müßte eigentlich die letzten Zweifel an der Berechtigung der auf Aristoteles folgenden Tradition zerstreuen, die Reihenfolge der Prämissen auch bei ihrer Formulierung mittels der sogenannten Kopula beizubehalten. Die zweite Prämisse, wie immer man sie formuliert, läßt offensichtlich deshalb keine Mißverständnisse aufkommen und ist auf die Nachhilfe jener Definition des Zukommens-Begriffs nicht angewiesen, weil sie auf die völlig unproblematische Funktion beschränkt ist, ihren Subjektbegriff demjenigen der ersten Prämisse je nach der Quantität ganz oder teilweise unterzuordnen. Der Zweck dieser totalen oder partiellen Subordination ist ebenso offensichtlich der, die dann in der Konklusion behauptete unmittelbare Beziehbarkeit des Prädikatbegriffes der ersten Prämisse auf den Subjektbegriff der

---

[21] Vgl. etwa Lukasiewicz, S. 47, und Patzig, S. 81.
[22] Vgl. 25 b 37—26 a 2 (Barbara und Celarent):
εἰ γὰρ τὸ Α κατὰ παντὸς τοῦ Β καὶ τὸ Β κατὰ παντὸς τοῦ Γ, ἀνάγκη τὸ Α κατὰ παντὸς τοῦ Γ κατηγορεῖσθαι· πρότερον γὰρ εἴρηται πῶς τὸ κατὰ παντὸς λέγομεν. ὁμοίως δὲ καὶ εἰ τὸ μὲν Α κατὰ μηδενὸς τοῦ Β τὸ δὲ Β κατὰ παντὸς τοῦ Γ, ὅτι τὸ Α οὐδενὶ τῷ Γ ὑπάρξει.
sowie 26 a 23—27 (Darii und Ferio):
ὑπαρχέτω γὰρ τὸ μὲν Α παντὶ τῷ Β, τὸ δὲ Β τινὶ τῷ Γ. οὐκοῦν εἰ ἔστι παντὸς κατηγορεῖσθαι τὸ ἐν ἀρχῇ λεχθέν, ἀνάγκη τὸ Α τινὶ τῷ Γ ὑπάρχειν. καὶ εἰ τὸ μὲν Α μηδενὶ τῷ Β ὑπάρχει τὸ δὲ Β τινὶ τῷ Γ, ἀνάγκη τὸ Α τινὶ τῷ Γ μὴ ὑπάρχειν· ὥρισται γὰρ καὶ τὸ κατὰ μηδενὸς πῶς λέγομεν·

zweiten im Sinne des definierten Zukommens-Begriffs zu garantieren.

Die Notwendigkeit der Folgebeziehung zwischen den Prämissen einerseits und der Konklusion andererseits ist nur dann nicht trivial und unterliegt sogar berechtigten Zweifeln, wenn man Aristoteles auf die moderne Auffassung von formaler Logik verpflichtet. Logik qua „Wissenschaft von der Wahrheit von Aussagen auf Grund der Form allein" ist, wenn man den Begriff der Aussage nur weit genug faßt, die aristotelische Syllogistik zweifellos auch. So hat aber ebenso zweifellos nur wenig gemein mit einer formalen Logik, die die „Form einer Aussage" generell mit der „Art und Weise ihrer Zusammensetzung aus Grundaussagen"[23] gleichsetzt. Die Prämissen des aristotelischen Syllogismus sind ebenso wie seine Konklusion „Grundaussagen" und haben dennoch eine Form, auf die allein rekurriert zu werden braucht, damit die Gültigkeit des Syllogismus entweder unmittelbar einleuchtet oder auf dem Wege der Reduktion einleuchtend gemacht werden kann.

---

[23] Lorenzen, S. 398.

IV. Die Ekthesisbeweise

Das III. Kapitel versuchte eine Antwort auf die Frage zu geben, warum Aristoteles die Beweise der Schlüssigkeit der Modi der II. und III. Figur nach Möglichkeit „direkt", d. h. durch Prämissenkonversion, geführt hat. Er verzichtete auf den Vorteil der Einheitlichkeit des Beweisverfahrens — alle Beweise hätten sich indirekt, durch die reductio ad impossibile, führen lassen — nicht deshalb, weil er den Beweisen durch Prämissenkonversion eine höhere Stringenz zubilligte als den indirekten Beweisen. Wie sollten sie auch eine höhere Stringenz beanspruchen können als die zu ihrem Beweis aufgebotene Ausnutzung des kontradiktorischen bzw. konträren Verhältnisses der Satzformen a und o (e) bzw. e und i (a)? Vielmehr scheint Aristoteles den Beweis durch Prämissenkonversion vorgezogen zu haben, weil er ihn für das geeignete Mittel hielt, die unvollkommenen Modi auf die ihnen jeweils entsprechenden vollkommenen im eigentlichen Sinne dieses Wortes zu reduzieren, d. h. auf diese als letzte Gründe ihrer Gültigkeit zurückzuführen. Im folgenden soll gezeigt werden, daß für diese Deutung noch weitere bisher nicht ausgewertete Fakten geltend gemacht werden können.

Neben dem direkten und dem indirekten Beweisverfahren erwähnt Aristoteles gelegentlich als dritte Möglichkeit den sog. Ekthesisbeweis, der vermutlich deshalb, weil Aristoteles seinem Leser eine nähere Charakteristik dieses Beweisverfahrens vorenthielt, in der Literatur zumeist recht stiefmütterlich behandelt wurde. Wo man sich aber auf ihn einließ, meinte man Aristoteles' Zurückhaltung damit erklären zu sollen, daß wenigstens die assertorische Syllogistik gänzlich ohne den Ekthesisbeweis auskäme[1]. Man kann sich jedoch leicht davon überzeugen, daß schon die Prämisse dieser Vermutung

---

[1] Patzig, S. 166/7: „In der assertorischen Syllogistik jedenfalls hängt von der Stringenz dieser Beweise durch Ekthesis nichts ab. — Eben wegen ihrer Entbehrlichkeit hat sich Aristoteles mit der Erklärung dieser Beweisart nicht lange aufgehalten". Vgl. auch Maier II$_2$, S. 147 und Anm., sowie Lukasiewicz, S. 59.

falsch ist: sämtliche Beweise durch Konversion hängen mittelbar von der beim indirekten Beweis der Konvertierbarkeit der e-Prämisse benutzten Ekthesis ab. Wenn es berechtigt wäre, aus der Tatsache ihrer nur beiläufigen Erwähnung auf die Entbehrlichkeit der Ekthesisbeweise zu schließen, müßte man überdies erwarten können, daß Aristoteles auch im Falle Baroco und Bocardo in der Modallogik (mit notwendigen Prämissen und notwendiger Konklusion) „bessere" Beweise anbietet. Das tut er jedoch nicht und kann es auch nicht tun, weil die Schlüssigkeit dieser Modi nur durch Ekthesis zu beweisen ist. Unbeschadet ihrer Unentbehrlichkeit in diesen Fällen beschränkt sich Aristoteles auch hier auf Andeutungen[2].

Halten wir also fest:

1. Auch die assertorische Syllogistik kommt (insofern, als die Brauchbarkeit der von Aristoteles bevorzugten Konversionsbeweise auf ihrer Möglichkeit beruht) ohne die Ekthesisbeweise nicht aus.
2. Obwohl Aristoteles, nachdem er einmal die Ekthesis zum Beweis der Konvertierbarkeit der e-Prämisse benutzt hat, in der assertorischen Syllogistik auf sie zurückzugreifen nicht mehr nötig zu haben scheint, erwähnt er sie dort in drei Fällen.
3. Aristoteles' Hinweise auf sie als dritte (bzw. zweite) Beweismöglichkeit beschränken sich durchgängig auf Andeutungen.

Offensichtlich hielt Aristoteles das Ekthesisverfahren für so trivial, daß er glaubte, seine Leser mit langen Erklärungen verschonen zu sollen. So scheint F. Überweg[3] die Sache beurteilt zu haben. Jedenfalls akzeptiert er die Ekthesis solange als ein unproblematisches Beweisverfahren, als es dem von ihm propagierten Beweis „durch unmittelbare Sphärenvergleichung" ähnlich zu sein scheint. Allerdings läßt er sich durch die vermutete Ähnlichkeit dazu verführen, von der Möglichkeit der Ekthesis auch da zu sprechen, wo es Aristoteles nicht tut (nämlich bei Baroco (II) und Festino (II), sowie diese

---

[2] 30a 6—16. Der Hinweis auf die für den Beweis in Anspruch zu nehmenden Modi der jeweils einschlägigen Figur kann nicht als eine Erläuterung des Beweises selbst gelten, die über das aus der assertorischen Logik Gewohnte hinausginge; er ist vielmehr aus Gründen nötig, die im folgenden deutlich werden.

[3] Überweg, S. 279 u. 384.

Möglichkeit zu unterschlagen, wo Aristoteles auf sie verweist, sich jene Ähnlichkeit aber anscheinend nicht mehr feststellen läßt (bei Darapti (III)).

Ebensowenig wie Überwegs Darlegungen, haben sich die neuesten Kommentare (von Lukasiewicz, Patzig und Rose, der allerdings zwar die Ekthesis erwähnt, sie aber nicht in seine Interpretation einbezieht) auf die Frage eingelassen, warum Aristoteles in der assertorischen Syllogistik die Möglichkeit der Ekthesis nur im Falle der Modi Darapti, Datisi und Bocardo erwähnt, also:

a) nur bei Modi der III. Figur,
b) nur dort, wo auch der indirekte Beweis, und zwar als zweite Möglichkeit (bzw. als erste bei Bocardo) angeboten wird.

Dabei hätte sie sich auch einsetzen lassen:

a') bei einigen Modi der II. Figur (sowie bei Darii und Ferio der I. Figur, wo sie Aristoteles den in An. pr. A 7 beschrittenen Umweg über Camestres und Cesare erspart hätte).
b') bei einigen Modi, bei denen der indirekte Beweis als zweite Möglichkeit nicht erwähnt wird.

Im III. Kapitel zeigten wir, daß der indirekte Beweis (reductio ad impossibile) nur dann erwähnt wurde, wenn 1. kein direkter Beweis geführt werden konnte (Baroco (II) und Bocardo (III)) oder 2. bei Anwendung des direkten Beweises nur bedingt von einer Vervollkommnung die Rede sein konnte (Darapti (III) und Felapton (III), sowie Camestres (II) und Disamis (III)). Es mag nun sein, daß Aristoteles, da er aus den im III. Kapitel genannten Gründen den indirekten Beweis nur als Verlegenheitslösung akzeptieren konnte, die Ekthesis — wenn möglich — als zusätzlichen Beweis in der Überzeugung anbot, daß dieser ähnlich wie der Beweis durch Konversion zur Aufdeckung der *Gründe* der Gültigkeit der zum Beweis anstehenden Modi, wenn auch nicht im strengen Sinne der „Vervollkommnung", geeignet sei, während der indirekte Beweis lediglich der Feststellung des *Faktums* der Gültigkeit dienen könne[4].

---

[4] Diese Unterscheidung zwischen Tatsache und Grund gehört zwar der in der Zweiten Analytik behandelten Wissenschaftslehre an. Doch warum sollte man sie nicht auf die in der Ersten Analytik behandelte Logik anwenden können, wie man auf sie mit einigem Gewinn für ihr Verständ-

Um eine Beweisart zu deuten, wird es gewiß nicht genügen, die Umstände ihrer Anwendung zu beachten. Aber man wird diese Umstände um so weniger außer Betracht lassen dürfen, als selbst ihre totale Vernachlässigung sich bei der heute üblich gewordenen Interpretation der Syllogistik „vom Standpunkt der modernen formalen Logik aus" nicht auswirken kann.

Charakteristisch für alle Versuche, auch die Ekthesis der Beschreibung durch Gesetze der mathematischen Logik gefügig zu machen, ist die Verlegenheit, Aristoteles die Ahnung von der Notwendigkeit der Anerkennung gewisser von ihm nicht genannter Voraussetzungen jener Ekthesis suggerieren zu müssen[5] und doch darüber keine Auskunft geben zu können, warum er angesichts dieser geahnten Notwendigkeit nicht lieber ganz auf die angeblich entbehrlichen Ekthesisbeweise verzichtete. Als Verfasser einer Wissenschaftslehre wird er wohl auch dies geahnt haben, daß es nicht schön ist, die Zahl der Voraussetzungen einer Theorie ohne Not zu vergrößern.

Im Anschluß an Lukasiewicz und in weitgehender Übereinstimmung mit ihm stellt Patzig kategorisch fest: „Alle Beweise durch Ekthesis bei Aristoteles beruhen auf zwei l o g i s c h e n Gesetzen, die geeignet sind, die Eigenart partikulärer Aussagen deutlich zu machen:

(i) Wenn A einigen B zukommt, so gibt es einen Begriff C derart, daß A und B jedem C zukommen.

Der gesuchte Begriff kann notfalls als das l o g i s c h e P r o d u k t von A und B d e f i n i e r t werden. Es stehe A für ‚Franzose' und B für ‚General'. Die Behauptung, einige Generale seien Franzosen, ist offenbar gleichbedeutend mit der Behauptung, es gebe eine Klasse C derart, daß ihren Elementen sowohl B wie A a l l g e m e i n zukommen. Der Existenz einer solchen Klasse kann man deshalb gewiß sein, weil man sie zur Not als das logische Produkt von A und B, in unserem Falle also als die Klasse der ‚französischen Generale', k o n s t r u i e r e n kann.

---

nis seit eh und je die ebenfalls in der Wissenschaftslehre getroffene Unterscheidung zwischen Grund- und abgeleiteten Sätzen angewendet hat? Vgl. im übrigen Kptl. VI.

[5] Lukasiewicz, S. 61.

In Formeln:

$$AiB \rightarrow (EC)(AaC \& BaC)$$

Das zweite Gesetz lautet entsprechend:

(o) Wenn A einigen B nicht zukommt, so gibt es einen Begriff C derart, daß A keinem C zukommt und B jedem C zukommt.

In Formeln:

$$AoB \rightarrow (EC)(AeC \& BaC)$$

Wenn A für ‚Schwimmer' steht und B für ‚Katholik', so wären die bekannten ‚katholischen Nichtschwimmer' die durch einen solchen Begriff C definierte Klasse. — — —

An Stelle des Implikationszeichens ‚→' darf man ersichtlich auch ein Äquivalenzzeichen ‚↔' setzen[6]."

Was geeignet ist, die Eigenart einer Sache deutlich zu machen, nennt man gemeinhin ihre Definition. Die Aufgabe einer Definition einem Gesetz zu übertragen, kann durchaus sinnvoll sein, wenn dies in der Absicht geschieht, den Gebrauch der in ihm auftretenden Begriffe allererst zu regeln, und im Bewußtsein der Notwendigkeit, seine Brauchbarkeit durch Nachweis seiner Verträglichkeit mit den übrigen die Theorie begründenden Gesetzen zu erweisen. Man verkennt aber Aristoteles' Absicht, wenn man seine Berufung auf die Möglichkeit der Ekthesis in eine axiomatische Forderung dieser Möglichkeit verkehrt; sagt er doch: man kann etwas heraussetzen. Daß man dies kann, ergibt sich aus dem tatsächlichen Gebrauch der Relationen i und o, und der Text der Analytiken gibt nicht die mindeste Handhabe zu unterstellen, Aristoteles habe diesen Gebrauch eigens zur Ermöglichung der Ekthesis zurechtgestutzt. Aus der Verkennung der Absicht des Aristoteles wird gar ein sachlicher Fehler, wenn man sich — wie es bei Lukasiewicz und in geringfügig veränderter Weise auch bei Patzig geschieht — zur Feststellung der Evidenz jener Gesetze auf den durch sie geregelten Gebrauch der Relationen i und o beruft; so kann man jedweder (widerspruchsfreien) Aussage Evidenz verschaffen: man braucht dazu nur die in ihr auftretenden Begriffe entsprechend zu definieren bzw. ihren Gebrauch auf die durch die Aussage getroffene Regelung abzustimmen.

---

[6] Patzig, S. 171; vgl. auch Lukasiewicz, S. 61 u. 65.

Wichtiger als die Frage, ob die Formeln (i) und (o) besser als Gesetze oder als Definitionen gelesen werden sollten, ist die, ob sie, als das eine oder das andere genommen, wirklich geeignet sind, die Eigenart partikulärer Aussagen deutlich zu machen und außerdem der Ekthesis als Voraussetzung zu dienen. Ersteres mag man ihnen allenfalls zugestehen; zu letzterem taugen sie auf keinen Fall. Sie unterschlagen nämlich etwas, was von Aristoteles klar genug ausgesprochen wurde und in der Anwendung der Ekthesis zu nachprüfbaren und mit den Konsequenzen der Anwendung von (i) und (o) unverträglichen Konsequenzen führt.

An drei Stellen sagt Aristoteles ausdrücklich, daß das „Herauszusetzende" aus dem zu nehmen sei, was unter den Subjektbegriff der entsprechenden partikulären Aussage fällt:

25 a 15—17: „Wenn das A keinem B zukommt, so kann auch das B keinem A zukommen. Denn wenn es einem zukäme, etwa dem C, dann wäre es nicht wahr, daß das A keinem B zukommt; denn das C ist etwas von den B."

28 b 20—21: „Es kann aber auch gezeigt werden ohne den indirekten Beweis, wenn man etwas von den S nimmt, denen P nicht zukommt."

30 a 9—10: „— — — man muß vielmehr aus dem, dem es in beiden Fällen nicht zukommt, etwas heraussetzen — — —[7]."

Die Formeln (i) und (o) sind außerstande, das hier belegte und, wie sich zeigen wird, sehr wichtige Kennzeichen des „Herausgesetzten" zur Geltung zu bringen. Das hat eine Reihe fataler Konsequenzen:

1. Mit der Anerkennung von (i) und (o) als Äquivalenzen sind bereits Darapti und Felapton vorausgesetzt, deren Gültigkeit doch erst mit Hilfe von (i) und (o) bewiesen werden sollte. Aber man scheint eher geneigt zu sein, diesen Fehler Aristoteles statt der

---

[7] 25 a 15—17:
εἰ οὖν μηδενὶ τῷ Β τὸ Α ὑπάρχει, οὐδὲ τῶν Α οὐδενὶ ὑπάρξει τὸ Β. εἰ γάρ τινι, οἷον τῷ Γ, οὐκ ἀληθὲς ἔσται τὸ μηδενὶ τῶν Β τὸ Α ὑπάρχειν· τὸ γὰρ Γ τῶν Β τί ἐστιν.
28 b 20—21:
δείκνυται δὲ καὶ ἄνευ τῆς ἀπαγωγῆς, ἐὰν ληφθῇ τι τῶν Σ ᾧ τὸ Π μὴ ὑπάρχει
30 a 9—10:
... ἀλλ' ἀνάγκη ἐκθεμένους ᾧ τινὶ ἑκάτερον μὴ ὑπάρχει ...

Interpretation vom Standpunkt der modernen formalen Logik aus anzulasten[8].

2. Der Subjektbegriff, dessen Anwendungsfällen das Herauszusetzende nach Aristoteles' Zeugnis entnommen werden soll, wird in (i) und (o) noch einmal ausdrücklich von dem Herausgenommenen prädiziert. Bei Anwendung von (i) und (o) müssen demzufolge die Konjunktionsglieder wie gleichwertige Prämissen behandelt werden. Aristoteles' Bemerkungen zur Ekthesis im Falle Baroco und Bocardo mit notwendigen Prämissen und notwendiger Konklusion zeigen deutlich, daß das seiner Intention nicht entspricht: „In der mittleren Figur, wenn das Allgemeine bejahend, das Partikuläre aber verneinend ist (Baroco), und wiederum wenn in der dritten Figur das Allgemeine bejahend und das Partikuläre verneinend ist (Bocardo), wird der Beweis nicht auf die gleiche Art möglich sein (wie bei den Beweisen der übrigen Modi mit notwendigen Prämissen und notwendiger Konklusion, die denen in der assertorischen Syllogistik entsprechen), sondern man muß aus dem, dem in beiden Fällen etwas nicht zukommen soll, etwas heraussetzen und mit dem Herausgesetzten den Syllogismus bilden: denn er wird sich für dieses notwendigerweise ergeben. Ist er aber bezüglich des Herausgesetzten notwendig, dann auch bezüglich dessen, dem es entnommen wurde. Denn das Herausgesetzte gehört seinem Wesen nach zu dem, aus dem es herausgesetzt wurde. Jeder der beiden Syllogismen verläuft in der jeweils entsprechenden Figur[9]."

Patzigs Rekonstruktion des Beweises dieser beiden modalen Modi, die der von Lukasiewicz für den assertorischen Modus Bocardo vorgeschlagenen entspricht, sieht bei Vernachlässigung der Modalfaktoren so aus:

Baroco
MaN & MoX → MaN & (EY) (MeY & XaY) Formel (o)
→ (EY) (MaN & MeY & XaY)
→ (EY) (NeY   & XaY) nach Camestres (II)
→   NoX   nach Felapton (III)

---

[8] Wieland, S. 25, und Scheibe, S. 463.

[9] 30 a 6—14:
ἐν δὲ τῷ μέσῳ σχήματι ὅταν ᾖ τὸ καθόλου καταφατικὸν τὸ δ' ἐν μέρει στερητικόν, καὶ πάλιν ἐν τῷ τρίτῳ ὅταν τὸ μὲν καθόλου κατηγορικὸν τὸ δ' ἐν μέρει στερητικόν, οὐχ ὁμοίως ἔσται ἡ ἀπόδειξις, ἀλλ' ἀνάγκη ἐκθεμένους ᾧ τινὶ

Die Kombination der Oberprämisse MaN von Baroco mit dem ersten Konjunktionsglied des Klammerausdrucks MeY ergibt nach Camestres (II) NeY. „Was von Y allgemein gilt, muß von X, so sagt er (Aristoteles) anschließend, wenigstens partikulär gelten." Diese Feststellung des Textes genügt aber den logischen Ansprüchen Patzigs nicht: „Eigentlich müßte man den zweiten Teil der Argumentation auch auf syllogistische Form bringen." Er kombiniert also die Konklusion NeY, die sich aus der Anwendung von Camestres ergab, mit dem zweiten Konjunktionsglied XaY des Klammerausdrucks und erhält so nach Felapton (III) die gewünschte Konklusion NoX von Baroco. „Wir sehen indessen, daß Aristoteles diesen Schritt nicht durch einen Syllogismus vollzieht; wahrscheinlich deswegen, weil er bei Baroco (der zweiten Figur) nicht gut Felapton (der dritten Figur) voraussetzen kann" (S. 177).

Daß Patzig hier Felapton bemüht und nicht seine Formel (o), von der er doch gesagt hatte, daß man sie „ersichtlich" auch als Äquivalenz lesen dürfe, geschieht vermutlich der Parallelität mit Bocardo zuliebe: die Anwendung von (o) im letzten Beweisschritt hätte ihn hier um die Möglichkeit gebracht, dem letzten Satz des Aristoteleszitates Genüge zu tun[10].

```
              Bocardo
PoS & RaS  →  (ET) (PeT & SaT) & RaS       Formel (o)
           →  (ET) (PeT & SaT & RaS)
           →  (ET) (PeT &      RaT  )      nach Barbara (I)
           →           PoR                 nach Felapton (III)
```

ἑκάτερον μὴ ὑπάρχει, κατὰ τούτου ποιεῖν τὸν συλλογισμόν· ἔσται γὰρ ἀναγκαίως ἐπὶ τούτων· εἰ δὲ κατὰ τοῦ ἐκτεθέντος ἐστὶν ἀναγκαῖος, καὶ κατ' ἐκείνου τινός· τὸ γὰρ ἐκτεθὲν ὅπερ ἐκεῖνό τί ἐστιν. γίγνεται δὲ τῶν συλλογισμῶν ἑκάτερος ἐν τῷ οἰκείῳ σχήματι.

[10] Doch wohl ein wenig zu kurzatmig ist der Verbesserungsvorschlag von Wieland (S. 25) ausgefallen: um der Notwendigkeit der Inanspruchnahme nicht einschlägiger Modi zu entgehen, ersetzt er die von Lukasiewicz und Patzig verwendete Implikation (o) durch MoX → (EY) (MeY & YiX) für den Beweis von Baroco bzw. PoS → (ET) (PeT & TiS) für den von Bocardo. Man *könne* nämlich die Ekthesis so deuten. Für den von Aristoteles für Datisi als möglich erwähnten Ekthesisbeweis *müßte* man sie, wenn man die bei Anwendung der Implikation (i) unvermeidliche Inanspruchnahme von Barbara (I) vermeiden will, analog, nämlich als RiS → (ET) (RaT & TiS) deuten. Dann ließe sich allerdings nicht vermeiden, außer Disamis Datisi selbst zu benutzen. Aber Wieland würde dies vermutlich

„Warum er (Aristoteles) auch hier den zweiten Syllogismus (Barbara) gleichsam unterdrückt und ihn durch einen stillschweigenden Übergang von RaS zu RaT ersetzt, ist nicht eindeutig festzustellen. Möglich, daß er der Parallelität mit Baroco wegen auch hier nur einen Syllogismus zum Beweis des Modus erheben wollte"; vielleicht auch, „daß Aristoteles es als evident ansah, daß, was allgemein vom Teil gilt, wenigstens partikulär vom Ganzen gilt (wie in Baroco) und daß, was vom Ganzen gilt, auch allgemein von jedem Teil gilt (wie bei Bocardo)" (S. 178).

Mit dieser letzten Bemerkung kommt Patzig der Wahrheit, die er vor seinem logischen Gewissen jedoch nicht als solche anerkennen kann, sehr nahe. Man braucht sich allerdings nicht einmal auf Evidenz zu berufen, es ist vielmehr selbstverständlich, weil mit der Möglichkeit der bereits benutzten Ekthesis vorausgesetzt, daß das, was allgemein vom Herausgesetzten gilt, wenigstens partikulär von dem Begriffe gilt, dessen Anwendungsfällen das Herausgesetzte entnommen wurde, und daß das, was allgemein von einem Begriff gilt, auch allgemein von dem seinen Anwendungsfällen entnommenen Herausgesetzten gilt.

3. Der von Aristoteles zumindest angedeutete nervus probandi des ekthetischen Teils des Beweises der Konvertierbarkeit der e-Prämisse kann wegen der von der Formel (i) als selbstverständlich angenommenen Gleichwertigkeit der Konjunktionsglieder nicht zum Zuge kommen. Es soll ja erst durch Ekthesis bewiesen werden (und wird durch (i) als bewiesen vorausgesetzt), daß das aus den Anwendungsfällen des Subjektbegriffs einer i-Aussage Herausgesetzte als ein aus den Anwendungsfällen des Prädikatbegriffs Herausgenommenes betrachtet werden darf und daß es *deshalb* sinnvoll ist, den Subjektbegriff, der dem aus seinen Anwendungsfällen Herausgenommenen selbstverständlich zukommt, *in diesem Falle* ausdrücklich von ihm zu prädizieren.

Nach Lukasiewicz (S. 61 f.) und Patzig (S. 172—174) verläuft der ekthetische Teil des 25 a 15—17 wiedergegebenen Beweises der Konvertierbarkeit der e-Prämisse so:

---

nicht stören, wie ja auch die Voraussetzung von Darapti für den Beweis von Darapti seinen Glauben an eine solche Ekthesisdeutung nicht erschüttert hatte.

$$BiA \rightarrow (EC)(BaC \,\&\, AaC)$$
$$\rightarrow (EC)(AaC \,\&\, BaC)$$
$$\rightarrow AiB$$

Auf das kommutative Gesetz der Konjunktion hat sich Aristoteles nie berufen, wie er auch die Konjunktion als logische Verknüpfung nicht kennt.

4. Zufolge der von Lukasiewicz und Patzig vertretenen Deutung des Ekthesisbeweises von Darapti muß der Schluß von den Prämissen PaS und RaS auf die Konklusion PiR als durch die Implikation (EN) (PaN & RaN) →PiR vermittelt aufgefaßt werden. Der Ekthesisbeweis von Darapti sähe dementsprechend (bei Vernachlässigung der von beiden Autoren benutzten aussagenlogischen Gesetze) so aus:

$$PaS \,\&\, RaS \rightarrow (EN)(PaN \,\&\, RaN)$$
$$\rightarrow PiR$$

Versteht man P, R und S als Variable und bindet sie, wie es Patzigs Deutung des Syllogismus (S. 48) entsprechen würde, durch Allquantoren, dann gilt:

$$(P)(R)(S)(PaS \,\&\, RaS) \rightarrow (P)(R)(ES)(PaS \,\&\, RaS)$$

Aus dem Implikat ergäbe sich dann bei Anwendung der Formel (i) die Konklusion (P) (R) (PiR), *ohne daß man nötig hätte, das N einzuführen.*

Versteht man dagegen P, R und S als Konstante, wogegen sich vom Text her nichts einwenden ließe, dann gilt:

$$(PaS \,\&\, RaS) \rightarrow (EN)(PaN \,\&\, RaN)$$

mit variablem N, woraus sich wiederum bei Anwendung von (i) die Konklusion PiR ergäbe. In diesem Falle *entfiele ebenfalls die Möglichkeit, diese Deutung mit der Ekthesis in einen glaubwürdigen Zusammenhang zu bringen.* Die Zulässigkeit jener Implikation auf Überlegungen der von Patzig angestellten Art zu gründen, wäre dann ein, von der Sache her gesehen, ebenso überflüssiges wie für die Interpretation unergiebiges Zugeständnis an den Text: „Gilt nun auch ‚(PaS & RaS) → (EN) (PaN & RaN)'? Natürlich: denn jede Unterklasse von S, und also auch S selbst, kann als jenes N gelten, dessen Existenz im Nachsatz der Implikation behauptet wird" (S. 174).

Es ist nicht eben viel, was uns Aristoteles über die Ekthesis mitteilt. Die Vermutung liegt also nahe, daß er sie als etwas völlig Unproblematisches (als etwas für den Unproblematisches, der andere heute vielleicht nicht mehr selbstverständliche Voraussetzungen seiner Syllogistik zu akzeptieren bereit ist) angesehen hat. In der Erwartung, daß umgekehrt die Ekthesis über wesentliche Voraussetzungen der Syllogistik Aufschluß zu geben vermag, soll hier die Annahme ihrer Trivialität ausdrücklich zum Leitfaden ihrer Interpretation gemacht werden.

Die erste Stelle, an der Aristoteles die Ekthesis als (hier offenbar konkurrenzloses) Beweismittel erwähnt, behandelt die Konvertierbarkeit der *e-Prämisse* und lautet: „Wenn das A keinem B zukommt, so kann auch das B keinem A zukommen. Denn käme es (das B) einem A zu, etwa dem C, dann wäre es nicht wahr, daß das A keinem B zukommt; denn das C ist etwas von den B" (vgl. Anm. 7).

Das C wird einmal als „ein" A — nämlich dann, wenn B von beiden prädiziert wird — und dann als „etwas von den" B angesprochen — nämlich dann, wenn A von beiden prädiziert wird. Der im Zitat behaupteten Möglichkeit der Ekthesis wird also die weitere entnommen, das Herausgesetzte einmal als ein aus dem Anwendungsbereich des Subjektbegriffs der partikulären Aussage Herausgesetztes und dann als ein aus dem Anwendungsbereich des Prädikatbegriffes Herausgesetztes zu betrachten. Darüber, daß die zweite Möglichkeit tatsächlich aus der ersten folgt, belehrt uns die ganz einfache Feststellung der Unmöglichkeit, den Anwendungsbereich des Begriffs A, dem das C zunächst entnommen werden soll, ohne Bezugnahme auf den Begriff B so einzugrenzen, daß dem C das B allgemein zugesprochen werden kann. Diejenigen der A, die B sind, müssen demgemäß auch als diejenigen der B, die A sind, aufgefaßt werden können.

Die hier reklamierte Möglichkeit hat also nichts mit derjenigen der Veränderung der Reihenfolge konjunktiv verknüpfter Aussagen zu tun. Vielmehr handelt es sich darum, die Vertauschbarkeit der jeweils wechselnden Rollen von A (einmal als dem Subjekt, dessen Anwendungsbereich das C entnommen werden soll, und dann als dem Prädikat von C) mit denen von B (einmal als dem Prädikat von C und dann als dem Subjekt, dessen Anwendungsbereich das C entnommen werden darf) auf die Unvermeidlichkeit der Inanspruchnahme des B für die Bestimmung von C zu gründen.

Ist diese Deutung richtig, dann läßt sich der ekthetische Teil des Beweises der Konvertierbarkeit der e-Prämisse sehr einfach, nämlich wie folgt verstehen:

Für BiA ist der Gesichtspunkt für die Auswahl derjenigen A, die als C bezeichnet werden können, daß ihnen B zukommt.

Für AiB ist der Gesichtspunkt für die Auswahl derjenigen B, die als C⁺ bezeichnet werden können, daß ihnen A zukommt.

Da nun diejenigen der B, denen A zukommt, identisch sind mit denjenigen der A, denen B zukommt, kann das C zur Bezeichnung des Herausgesetzten im einen und anderen Falle genommen werden.

Was dem Herausgesetzten allgemein zukommt, kommt dem, dessen Anwendungsbereich es entnommen wurde, mindestens partikulär zu (das liegt im Wesen bzw. Begriff des Herausgesetzten begründet und braucht nicht erst bewiesen zu werden).

Die in AaC enthaltene Relation AiB folgt somit aus der BaC enthaltenden Relation BiA.

Der Hinweis auf die Möglichkeit eines Ekthesisbeweises im Falle des Modus *Darapti* (III) lautet: „Man kann den Beweis auch - - - durch Ekthesis führen. Wenn nämlich beides (P und R) jedem S zukommt und etwas von den S, etwa N, genommen wird, so wird diesem sowohl P wie R zukommen, so daß das P einem R zukommen muß[11]."

PiR zu behaupten ist dann und nur dann sinnvoll, wenn sich dem Anwendungsbereich von R ein N mit PaN entnehmen läßt. Die Existenz eines solchen N aus R ist durch die Prämissen PaS und RaS von Darapti garantiert; man braucht nur „etwas von den S", bzw. das S selbst als dieses N aus R zu nehmen.

Da P und R zu S bzw. N sozusagen symmetrisch liegen, kann für die Rekonstruktion dieses Ekthesisbeweises ohne Gefahr eines Mißverständnisses die Patzig'sche Formel (i) verwendet, muß dann aber als *Definition* der i-Relation (nicht als Umschreibung der Ekthesis) verstanden werden. Der Beweis verliefe wie angegeben, nur daß

---

[11] 28 a 22—26:
ἔστι δὲ καὶ διὰ τοῦ ἀδυνάτου καὶ τῷ ἐκθέσθαι ποιεῖν τὴν ἀπόδειξιν· εἰ γὰρ ἄμφω παντὶ τῷ Σ ὑπάρχει, ἂν ληφθῇ τι τῶν Σ οἷον τὸ Ν, τούτῳ καὶ τὸ Π καὶ τὸ Ρ ὑπάρξει, ὥστε τινὶ τῷ Ρ τὸ Π ὑπάρξει.

dann die Wendung „N aus R mit PaN" durch die andere „N mit PaN und RaN" zu ersetzen wäre.

Für *Datisi* (Wenn PaS und RiS, dann PiR) merkt Aristoteles lediglich an, daß der Beweis auch durch Heraussetzung geführt werden kann (28 b 15). Es ist nicht schwer zu erraten, wie er sich den Beweisverlauf gedacht hat: entnimmt man dem Anwendungsbereich von S ein N mit RaN, so erhält man (da das, was einem Begriff allgemein zukommt, auch dem seinem Anwendungsbereich Entnommenen allgemein zukommen muß) als Oberprämisse PaN und als Unterprämisse RaN. Mit diesen Prämissen kann man nach Darapti PiR erschließen.

Auch ohne daß man nötig hätte, Aristoteles' Bemerkungen zum Ekthesisbeweis der Gültigkeit des entsprechenden modalen Modus zu Hilfe zu nehmen, ist der Beweisverlauf für *Bocardo* (Wenn PoS und RaS, dann PoR) klar. „Wenn man ein S nimmt, dem P nicht zukommt" (28 b 21) bzw. entsprechend der hier eingeführten Redeweise — wenn man dem Anwendungsbereich des S ein N mit PeN entnimmt, erhält man als Oberprämisse PeN und (analog und aus den gleichen Gründen wie bei der Oberprämisse von Datisi) als Unterprämisse RaN, woraus sich nach Felapton PoR ergibt.

Die Interpretation der Ekthesisbeweise könnte sich mit einer nahe am Text bleibenden Darstellung ihres Verlaufs begnügen, wenn nicht immer wieder behauptet worden wäre, daß diese Beweise sich logikfremder Argumente bedienen müßten. Schon Alexander von Aphrodisias machte in seinem Kommentar zur Ersten Analytik den dem Ansehen der Ekthesis nicht gerade förderlichen, gleichwohl seitdem in mannigfachen Versionen wiederholten Vorschlag, ihre Möglichkeit mit der anschaulichen Erfaßbarkeit von Einzelgegenständen gleichzusetzen, die jeweils genau die Eigenschaften besitzen, deren Zusammentreffen Aristoteles in der Tat als Bedingung der Heraussetzbarkeit von für den Beweis geeigneten Begriffen gefordert hat. Auch heute, da man nun endlich die Ekthesis für die Logik gerettet zu haben glaubt — "Nobody after him (Aristotle) understood these proofs. It was reserved for modern formal logic to explain them by the idea of existential quantifier" (Lukasiewicz, S. 67) —, wird die Berufung auf den Augenschein als einzige, logisch allerdings nicht vertretbare Alternative zu ihrer Umschreibung durch die Formeln (i) und (o) angesehen. Aristoteles hat sich bei Erwähnung der Ekthesis weder auf die Möglichkeit ihrer Darstellung durch irgendwelche logischen Gesetze noch auf die Möglichkeit ihrer anschaulichen Verifikation berufen. Da er es überhaupt nicht für nötig hielt, irgendwelche Bedingungen der Anwendbarkeit der Ekthesis ausdrücklich zu formulieren, darf man ihm getrost die Überzeugung unterstellen, daß ihre Anwendbarkeit keinen *besonderen* Bedingungen, d. h. keinen Bedingungen unterliegt, die nicht schon durch die übrigen Voraussetzungen seiner Syllogistik als erfüllt gelten können.

Betrachten wir daraufhin noch einmal den Ekthesisbeweis, und zwar in seiner einfachsten Form, wie sie uns bei Datisi (und analog bei Bocardo) begegnet:

Wenn PaS und RiS, dann PiR

RiS bedeutet, daß es unter den S einige gibt, denen R zukommt. Wenn es möglich ist, diejenigen der S, auf die dies zutrifft, dem Syllogismus in einer ihm gemäßen Form, d. h. in Gestalt eines Begriffs, verfügbar zu machen, kann mit ihnen statt mit dem S dieser Syllogismus gebildet werden. Die Bedingungen ihrer Vertretbarkeit durch einen Begriff sind aber nun genau die, auf denen die Brauchbarkeit aller Begriffe eines Syllogismus beruht. Umgekehrt: wenn es nicht möglich wäre, einen jeden der im Syllogismus auftretenden Begriffe im Sinne des aus der Ekthesis hervorgehenden Begriffs als Repräsentanten dessen aufzufassen, was vielen Dingen gemeinsam ist, könnte die Notwendigkeit der Folgebeziehung zwischen den Prämissen einerseits und der Konklusion andererseits (ohne Zuhilfenahme anderer von Aristoteles nicht genannter Voraussetzungen) gar nicht eingesehen werden. Das sei zunächst an Barbara und Celarent verdeutlicht:

Wenn AaB und BaC, dann AaC

Was die Oberprämisse von B behauptet, daß nämlich von ihm das A allgemein ausgesagt werden kann, das behauptet die Konklusion von C.

Wenn AeB und BaC, dann AeC

Was die Oberprämisse von B behauptet, daß nämlich von ihm das A generell ausgeschlossen werden kann, das behauptet die Konklusion von C.

Die Übertragbarkeit der jeweils zunächst auf B gemünzten Behauptung auf das C beruht offenbar auf der in der Unterprämisse ausgesagten Zugehörigkeit derjenigen, deren Gemeinsames durch C vertreten wird, zu denjenigen, deren Gemeinsames durch B vertreten wird.

Übrigens meint ja wohl Aristoteles genau dies, wenn er sagt: „Wenn sich drei Begriffe so zueinander verhalten, daß der letzte in dem mittleren als einem Ganzen ist und der mittlere im ersten als einem Ganzen ist oder nicht ist, dann gibt es notwendigerweise für die Außenbegriffe einen vollkommenen Syllogismus[12]."

Daß die Bedingungen der Anwendbarkeit der Ekthesis keine anderen sind als die des Gebrauchs von Begriffen in einem Syllogismus, wird noch deutlicher, wenn wir nach den Gründen fragen, die Aristoteles veranlaßten, auch Darii und Ferio zu den vollkommenen Syllogismen zu zählen.

Wenn AaB und BiC, dann AiC

„Wenn das ‚von jedem ausgesagt werden' das bedeutet, was zu Anfang gesagt wurde" (26 a 24) — nämlich daß sich keines von denen, die unter das Subjekt fallen, aufweisen läßt, von dem das Prädikat nicht gelten würde (24 b 28—30) —, soll die Folgebeziehung zwischen den Prämissen und der Konklusion ebenso unmittelbar eingesehen werden können wie bei Barbara und Celarent. Aristoteles führt hier nicht, wie es sich eigentlich für einen formgerechten Syllogismus gehört, für diejenigen der C, denen der Unterprämisse zufolge B zukommt, einen Begriff als Repräsentanten ein, er setzt vielmehr als selbstverständlich voraus, daß diese C denjenigen der B zuzurechnen

---

[12] 25 b 32—35:
ὅταν οὖν ὅροι τρεῖς οὕτως ἔχωσι πρὸς ἀλλήλους ὥστε τὸν ἔσχατον ἐν ὅλῳ εἶναι τῷ μέσῳ καὶ τὸν μέσον ἐν ὅλῳ τῷ πρώτῳ ἢ εἶναι ἢ μὴ εἶναι, ἀνάγκη τῶν ἄκρων εἶναι συλλογισμὸν τέλειον.

seien, von denen die Oberprämisse laut Definition behauptet, daß es keines von ihnen gibt, dem das A nicht zukommt. Um den Parallelismus zu Barbara deutlich werden zu lassen, müßte man sagen: was die Oberprämisse von B behauptet, daß nämlich von ihm das A allgemein ausgesagt werden kann, das behauptet die Konklusion von dem nicht eigens benannten Repräsentanten derjenigen C, denen B zukommt.

Und analog für Ferio

$$\text{Wenn AeB und BiC, dann AoC}$$

Was die Oberprämisse von B behauptet, daß nämlich von ihm das A generell ausgeschlossen werden kann, das behauptet die Konklusion von dem nicht eigens benannten Repräsentanten derjenigen C, denen B zukommt.

Die Übertragbarkeit der jeweils zunächst auf B gemünzten Behauptung auf den Repräsentanten derjenigen C, denen B zukommt, beruht auf der in der Unterprämisse ausgesagten Zugehörigkeit einiger C zu den B. Was generell für den Repräsentanten gilt, gilt mindestens partikulär von C.

Da die Einführung eines Repräsentanten für diejenigen Anwendungsfälle eines Begriffs, denen ein anderer Begriff als Prädikat zukommt, offenbar nichts anderes ist als eine Ekthesis, drängt sich natürlich die Frage auf, warum Aristoteles nicht Darii und Ferio durch Ekthesis auf Barbara bzw. Celarent „reduziert" und so die Zahl der Axiome seiner Syllogistik verringert hat. An. pr. A 7 zeigt deutlich, daß ihm axiomatische Erwägungen nicht fremd waren. Die Antwort muß m. E. lauten: er setzte die Ekthesis als ein von anderen Beweisen ausdrücklich abgehobenes Verfahren nur ein, wenn es darum ging, die auf anderem Wege nicht aufweisbaren Gründe der Gültigkeit eines Syllogismus freizulegen. Bei Darii und Ferio liegen diese Gründe offen zutage, und die Ekthesis hätte in ihrem Falle nur eine Selbstverständlichkeit aussprechen können.

Ganz anders liegen die Verhältnisse überall dort, wo Aristoteles die Möglichkeit der Ekthesis ausdrücklich erwähnt: sie wird nur eingesetzt, wenn auch durch sie allein (in ein- oder zweimaliger Anwendung) der Beweis der Gültigkeit des jeweiligen Modus geführt werden kann. Das ist möglich bei allen Modi der III. Figur, überflüssig jedoch bei Datisi und Ferison; hier brächte der Ekthesisbeweis keine Vorteile, da der direkte Beweis ihrer Gültigkeit unbesehen als Vervollkommnung angesprochen werden darf. Sinnvoll ist die Anwendung der Ekthesis bei Darapti und Disamis[13], sowie bei Felapton und Bocardo; durch sie lassen sich zunächst Disamis und Bocardo auf Darapti und Felapton reduzieren, die ihrerseits durch Ekthesis als gültige Modi ausgewiesen werden können.

Auch im Falle der Modi Baroco und Festino der II. Figur wäre ein Ekthesisbeweis möglich, seine Anwendung allerdings wenig sinnvoll, da die Gültigkeit der Modi Camestres und Cesare, auf die jene Modi durch ihn reduziert würden, auf anderem Wege bewiesen werden müßte. Selbst wenn man diesen (bei der modalen Form von Baroco unvermeidlichen) Schönheitsfehler in Kauf nähme, brächte der so geführte Beweis nichts ein: bei Baroco nicht, weil der direkte Beweis von Camestres nur bedingt als Vervollkommnung gelten kann; bei Festino nicht, weil die durch Ekthesis herbeigeführte Reduktion auf Cesare nur genau die Verhältnisse explizieren könnte, die auch zwischen Ferio und Celarent bestehen.

Als Resultat der Überlegungen dieses Kapitels wollen wir festhalten:

1. Die Ekthesis bedarf weder der Berufung auf die Anschauung noch der auf irgendwelche logischen Gesetze, die Aristoteles nicht ausdrücklich formuliert hat. Die Voraussetzungen, die tatsächlich der Anwendung der Ekthesis zugrunde liegen, sind dieselben, die die aristotelische Logik insgesamt beherrschen.

2. Die Ekthesis kann nur dann als ein legitimes Beweisverfahren gelten, wenn an der Vorstellung festgehalten wird, daß die bejahenden Sätze die generelle bzw. partikuläre Subsumtion des Subjektbegriffs unter den Prädikatbegriff, die verneinenden Sätze die generelle bzw. partikuläre Ausschließung des Prädikatbegriffs vom Subjektbegriff zum Inhalt haben (die moderne Interpretation bedient sich, um die Eignung ihrer Formeln (i) und (o) zur Umschreibung der Ekthesis zu rechtfertigen, ausgerechnet

---

[13] Die Auffassung, daß Aristoteles bei Erwähnung der Möglichkeit der Ekthesis bei Datisi auch an Disamis dachte, vertritt auch J. Mau in „Galen, Einführung in die Logik", Berlin 1960, S. 27.

solcher Beispiele, die diese von ihr als unsinnig verworfene Vorstellung bestätigen!).

3. Die Anwendung der Ekthesis in ganz bestimmten Fällen bestätigt mittelbar den Vorrang derjenigen Beweisverfahren, die als Vervollkommnung, d. h. als Reduktion der jeweils als gültig auszuweisenden Modi auf die vollkommenen Modi als Gründe ihrer Gültigkeit angesprochen werden dürfen.

Unbeschadet ihrer Unentbehrlichkeit spielen die Ekthesisbeweise — das darf gewiß nicht verschwiegen werden — im System eine ausgesprochen unglückliche Rolle: sie ermöglichen dort, wo Aristoteles ihre Erwähnung für angebracht hält (stets im Anschluß an die des indirekten Beweises!), keine Reduktion, bieten dieser aber eine ihm offenbar nicht sehr sympathische Konkurrenz, weil sie auf Sachverhalte rekurrieren, die hinsichtlich ihrer Evidenz den vollkommenen Syllogismen ebenbürtig sind.

V. Die Beschränkung auf drei Figuren

Bei der Erörterung der Frage, warum Aristoteles geglaubt hat, die Einteilung der Schlußmodi mit nur drei Figuren bestreiten zu können, pflegen sich die Kommentatoren stets — ob sie nun diese Beschränkung für sinnvoll[1] oder anfechtbar[2] halten — auf folgende Stelle im 23. Kapitel des ersten Buches der Ersten Analytik zu beziehen: „Wenn man (um einen Schluß mit der A als Prädikat und B als Subjekt enthaltenden Konklusion bilden zu können) auf ein beiden (dem A und dem B) Gemeinsames zurückgreifen muß und dies auf dreierlei Weise geschehen kann — es läßt sich nämlich entweder das A von dem C und das C von dem B aussagen oder aber das C von beiden (von dem A und dem B) oder schließlich die beiden (das A und das B) von dem C, und das sind nun genau die den A 4—6 abgehandelten Figuren entsprechenden Möglichkeiten —, dann leuchtet ein, daß jeder Schluß gemäß einer dieser Figuren gebildet werden muß[3]."

Nun kann aber die Rechtmäßigkeit des dieser Argumentation unterstellten Anspruchs, eine Begründung für die Beschränkung auf drei Figuren zu liefern, mit eben dem Minimum an Scharfsinn in Zweifel gezogen werden, das man tunlichst dem zu interpretierenden Text konzedieren sollte; denn das dem A und dem B Gemeinsame läßt sich zu beiden offensichtlich nicht nur auf dreierlei, sondern auch noch auf eine vierte (der vierten Figur entsprechende) Weise in Beziehung setzen. Die Vermutung hätte sich demnach aufdrängen müssen, daß eine Begründung von Aristoteles an dieser Stelle gar nicht beabsichtigt war.

---

[1] Vgl. etwa Maier, II₁, S. 64 ff., und neuerdings Rose, S. 56 ff.
[2] Lukasiewicz, S. 23 u. 27, und Patzig, S. 117.
[3] 41 a 13—18:
εἰ οὖν ἀνάγκη μέν τι λαβεῖν πρὸς ἄμφω κοινόν, τοῦτο δ' ἐνδέχεται τριχῶς (ἢ γὰρ τὸ Α τοῦ Γ καὶ τὸ Γ τοῦ Β κατηγορήσαντας, ἢ τὸ Γ κατ' ἀμφοῖν, ἢ ἄμφω κατὰ τοῦ Γ), ταῦτα δ' ἐστὶ τὰ εἰρημένα σχήματα, φανερὸν ὅτι πάντα συλλογισμὸν ἀνάγκη γίγνεσθαι διὰ τούτων τινὸς τῶν σχημάτων.

Erklärte Absicht des 23. Kapitels ist allerdings, nachzuweisen, daß jedweder Schluß „vermittels einer dieser Figuren zustandekommt" (40 b 21—22), d. h. (wenn man einmal terminologisch zwischen einem Schluß und einem Syllogismus qua anerkanntem Schlußmodus unterscheidet, was besonders im Hinblick auf die A 7 und B 1 angedeuteten und als gültig, wenn auch nicht als eigenständige Modi anerkannten Schlüsse zweckmäßig ist) daß jeder Schluß entweder einer der Syllogismen ist oder seine Schlüssigkeit dem Umstande verdankt, daß in ihm einer der Syllogismen enthalten ist. In Verfolgung dieser Absicht zeigt Aristoteles, daß ein Satz der Form A x B (mit x = a oder e oder i oder o) nur als erschlossen gelten kann bei „Rückgriff auf ein Mittleres, das je nach der Art der Prädizierung zu jedem von beiden in einem bestimmten Verhältnis steht" (41 a 3—4). Es bestehen, wenn man von den Qualitäts- und Quantitätsunterschieden der die Schlüsse bildenden Sätze absieht, drei Möglichkeiten, dieses Mittlere zu A und B in Beziehung zu setzen, wie der Vordersatz der oben zitierten Wenn-dann-Aussage besagt.

Nichts spricht dagegen, die Parenthese dieses Vordersatzes als eine Erinnerung des Lesers an das in A 4—6 Ausgeführte zu verstehen. Und wenn also diese Auslegung dem Text nicht widerspricht — übrigens behauptet Aristoteles nicht, daß es *nur* die drei angeführten Möglichkeiten gibt, sondern daß es sie gibt — und die andere vom Text her ebenfalls vertretbare Auslegung jener Parenthese als einer Begründung den Nachteil hat, daß sie den Ausleger zwingt, Aristoteles einen Fehler anzukreiden, wird man sicherlich ersterer den Vorzug geben. Dies zu tun, wird man jedenfalls dann nicht umhinkönnen, wenn es gelingen sollte, die im vorliegenden Zusammenhang eventuell als willkürlich erscheinende Beschränkung auf drei Figuren von den Voraussetzungen der aristotelischen Syllogistik her zu rechtfertigen.

Ich meine, bereits die ersten Sätze des 23. Kapitels können uns einen Hinweis geben, wo wir nach für eine solche Rechtfertigung tauglichen Argumenten Ausschau zu halten haben: „Aus dem bisher Erörterten ergibt sich, daß die Syllogismen in diesen Figuren durch die allgemeinen Syllogismen der ersten Figur vollendet werden und auf diese zurückgehen. Daß es sich überhaupt mit jedem Schluß so verhält, soll nun deutlich gemacht werden, indem wir zeigen, daß jeder Schluß vermittels einer dieser Figuren zustandekommt[4]."

5 Albrecht

Die Beschränkung auf drei Figuren

Wenn es also außer den A 4—6 abgehandelten Syllogismen noch weitere bündige Schlüsse geben sollte, dann läßt sich auch von diesen zeigen, daß sie auf die (allgemeinen) Modi der I. Figur „zurückgehen" bzw. durch sie „vollendet" werden. Doch um dies zeigen zu können, hat man nicht nötig, diese „Vollendung" wirklich bis zum Ende durchzuführen; gegebenenfalls genügt es, jene fraglichen Schlüsse auf die jeweils *auf kürzestem Wege erreichbaren* Modi zu reduzieren, da die eventuell noch nötige auf einen vollkommenen Modus führende Reduktion mit A 5 und 6 als erledigt betrachtet werden kann.

Wie die Überlegungen 40 b 40—41 a 2 und 41 a 18—20 vermuten lassen, hat Aristoteles bei den fraglichen Schlüssen auch an die sog. Kettenschlüsse gedacht. Doch die interessieren uns hier nicht. Wir wollen wissen, ob es Schlüsse gibt, die ihrem Aufbau nach den anerkannten Schlußmodi gleichen und — worauf es hier wesentlich ankommt —

entweder im Zuge ihrer eigenen Reduktion zunächst einmal in einen unvollkommenen Syllogismus verwandelt werden müssen

oder nichtumgehbare Stationen auf dem Reduktionswege eines unvollkommenen Syllogismus darstellen.

Da die A 7 erwähnten Schlüsse

A	a	B		A	i	B
B	e	C		B	e	C
C	o	A		C	o	A

sowie die Schlüsse, die gemäß den Andeutungen von B 1 gebildet werden können, also

A	a	B		A	a	B		A	e	B
B	a	C		B	i	C		B	a	C
C	i	A		C	i	A		C	e	A

---

[4] 40 b 17—22:
ὅτι μὲν οὖν οἱ ἐν τούτοις τοῖς σχήμασι συλλογισμοὶ τελειοῦνται διὰ τῶν ἐν τῷ πρώτῳ σχήματι καθόλου συλλογισμῶν καὶ εἰς τούτους ἀνάγονται, δῆλον ἐκ τῶν εἰρημένων· ὅτι δ' ἁπλῶς πᾶς συλλογισμὸς οὕτως ἕξει, νῦν ἔσται φανερόν, ὅταν δειχθῇ πᾶς γιγνόμενος διὰ τούτων τινὸς τῶν σχημάτων.

die in Kapitel 23 formulierte Forderung, daß der Oberbegriff Prädikat und der Unterbegriff Subjekt der Konklusion sein sollen, nicht erfüllen, kommen hier nur die in der traditionellen Logik als Modi der IV. Figur aufgeführten Schlüsse in Frage:

Bamalip	Dimatis	Calemes	Fesapo	Fresison
B a A	B i A	B a A	B e A	B e A
C a B	C a B	C e B	C a B	C i B
A i C	A i C	A e C	A o C	A o C

Aristoteles hat diese Schlüsse nirgends erwähnt. Da wir die Frage beantworten wollen, ob er sie als eigenständige Schlußmodi hätte anerkennen können oder besser, da nur dies eigentlich bewiesen werden kann, welcher Argumente er sich grundsätzlich hätte bedienen können, um sie aus dem Kreis der anerkannten Schlußmodi auszuschließen, halten wir uns zweckmäßigerweise zunächst an diejenigen dieser Schlüsse, deren Reduktionen selbst den in den traditionellen Namen enthaltenen Reduktionsanweisungen zufolge den Weg über einen unvollkommenen Modus der II. oder III. Figur einhalten müssen, also an Fesapo und Fresison. Welche ihrer Prämissen man im Zuge ihrer Reduktion auch zuerst konvertieren mag, stets ist mit der ersten Konversion ein unvollkommener Modus hergestellt (bei Fesapo wird man die Reduktion mit der Konversion der ersten Prämisse einleiten und sie also über Felapton (III) laufen lassen müssen, da die Konversion der zweiten Prämisse zwar Festino (II) herzustellen erlaubt, aber die für den Beweis seiner Gültigkeit vorausgesetzte Möglichkeit der Rückkehr verbaut). Fesapo und Fresison zumindest wird man also als bloße „Ableger" von Felapton (III) bzw. Festino (II) oder Ferison (III) betrachten dürfen. Dies zu tun, empfiehlt sich auch aus anderen Gründen, die später erörtert werden sollen.

Beachtet man, daß Aristoteles hinreichend deutlich zwischen einer Reduktion eines unvollkommenen Modus auf den entsprechenden vollkommenen Modus unter Beibehaltung der Stellung von Ober- und Unterbegriff (Reduktion erster Art) und einer solchen, die deren Rollen vertauscht (Reduktion zweiter Art), unterschieden hat (vgl. 50 b 23 und 51 a 9—10), so wird es nicht schwerfallen, auch mit den drei übrigen Modi der IV. Figur ins reine zu kommen. Begnügt man sich nämlich mit der Reduktion zweiter Art von Bamalip auf Barbara, von Dimatis auf Darii und von Calemes auf Celarent, dann sind jene Modi den Schlüssen gleichzusetzen, die gemäß den Andeutungen 53 a 3—14 gebildet werden können; dann entfällt aber auch die Möglichkeit, sie als eigenständige Modi anzuerkennen.

Ihnen diese Qualität dennoch, und zwar mit dem Argument zuzuerkennen, daß ihre den traditionellen Anweisungen entsprechenden Reduktionen Aristoteles' Billigung hätten finden müssen, da er selbst Camestres (II) und Disamis (III) ebenso reduziert habe[5], würde die Behauptung implizieren, daß jene Unterscheidung zwischen den beiden Reduktionsweisen für ihn ohne Belang gewesen sei.

Die von der Tradition vorgesehenen Reduktionen von Bamalip, Dimatis und Calemes können selbstverständlich ebenso wie die von Aristoteles angegebenen von Camestres und Disamis als vollgültige Beweise der Bündigkeit dieser Schlüsse gelten, aber auf keinen Fall als Reduktionen im ursprünglichen Sinne einer Vervollkommnung. Machen wir uns das am Beispiel des Schlusses Bamalip klar. Jenen Anweisungen zufolge reduziert die Vertauschung der Prämissen diesen Schluß auf Barbara mit C als Ober- und A als Unterbegriff, dessen Konklusion dann noch gemäß der Konvention, daß der Oberbegriff des zu beweisenden Schlusses Prädikat und sein Unterbegriff Subjekt der Konklusion sein sollen, konvertiert werden muß.

Der Modus Barbara, auf den reduziert wird, ist also nicht der Modus Barbara, auf den reduziert werden muß, wenn ja die Reduktion eine solche im strengen Sinne der Vervollkommnung sein soll. Natürlich hat diese Feststellung nur solange einen Sinn, als daran festgehalten wird, daß die von Aristoteles benutzten Buchstaben nicht, wie in der mathematischen Logik, Variable, sondern Konstante, d. h. konkrete Begriffe vertreten. Daran festzuhalten ist man aber gezwungen, wenn man mit Aristoteles in Übereinstimmung bleiben will. Die Interpretation vom Standpunkt der modernen mathematischen Logik aus leistet bewußt Verzicht auf eine so weitgehende Übereinstimmung, indem sie Aristoteles z. B. vorwirft, seine allgemeine Kennzeichnung der vollkommenen Syllogismen 25 b 32—35 gelte nur für Syllogismen mit konkreten Begriffen und habe daher in der Logik nichts zu suchen[6].

---

[5] Lukasiewicz, S. 25.
[6] Lukasiewicz, S. 28 f., und Patzig, S. 104.

Es ist nicht zu leugnen, daß nicht einmal alle von Aristoteles anerkannten Modi im Sinne der Reduktion erster Art reduziert werden können. Aber ebensowenig läßt sich bestreiten, daß Aristoteles überall dort, wo der direkte Beweis nicht als eine solche Reduktion gelten kann, auf die Möglichkeit des indirekten Beweises sowie gegebenenfalls auf die der Ekthesis verwiesen hat. Die Tatsache der Erwähnung dieser Möglichkeiten allein schon rechtfertigt den Verdacht, daß er in diesen Fällen mit dem direkten Beweis nicht so ganz zufrieden war. Auch wenn nun die Vermutung nicht hinreichend begründet sein sollte, daß Aristoteles bei der für Datisi angegebenen zweiten und dritten Beweismöglichkeit vornehmlich an Disamis gedacht hat, so darf man doch behaupten, daß Disamis durch Ekthesis vergleichsweise direkt, d. h. so bewiesen werden kann, daß auch die Gründe seiner Gültigkeit zum Vorschein kommen. Um an dieser Möglichkeit Dimatis partizipieren zu lassen, bräuchte man diesen Schluß nur durch Konversion seiner Oberprämisse auf Disamis zu reduzieren.

Gibt es nun auch für den Modus Camestres

$$\frac{\begin{array}{ccc} M & a & N \\ M & e & X \end{array}}{\begin{array}{ccc} N & e & X \end{array}}$$

einen Beweis, der der hier nicht anwendbaren Ekthesis wenigstens insofern vergleichbar ist, als er nicht nur — wie die von Aristoteles angegebenen Beweise — das Faktum, sondern auch die Gründe seiner Gültigkeit freizulegen erlaubt? Ein solcher Beweis läßt sich m. E. in Gestalt einer die Evidenz unmittelbar herbeiführenden Umformulierung erbringen, was vielleicht nicht sehr elegant ist, aber doch grundsätzlich von den Voraussetzungen der aristotelischen Syllogistik her gerechtfertigt werden kann.

Die Unterprämisse M e X von Camestres besagt 24 b 26—30 zufolge, daß sich keines der X aufweisen läßt, von dem das M ausgesagt werden könnte, oder, wie wir, ohne diese von Aristoteles übrigens mehrfach in Anspruch genommene Definition über Gebühr strapazieren zu müssen, auch sagen könnten: daß sich keines der X unter denen aufweisen läßt, von denen das M ausgesagt wird. Bei Verwendung dieser letzten Formulierung würde der Modus Camestres also lauten:

„Wenn sich keines der X unter denen aufweisen läßt, von denen das M ausgesagt wird (Unterprämisse),
von allen N aber das M ausgesagt wird (Oberprämisse),
dann kann keines der X unter denen aufgewiesen werden, von denen das N ausgesagt wird (Konklusion)."

Diese Formulierung macht, denke ich, unmittelbar evident, daß sich die Übertragbarkeit der zunächst auf M gemünzten Aussage der Unterprämisse (daß es generell von dem X ausgeschlossen wird) auf das N aus der in der Oberprämisse ausgesagten Zugehörigkeit aller N zu den M ergibt.

Sie verwischt allerdings den von Aristoteles konsequent beachteten Unterschied der Funktionen eines Begriffs als des Prädikates bzw. als des Subjektes einer Aussage. Denn die Formulierung „Keines der X läßt sich unter denen aufweisen, von denen das M ausgesagt wird", die hier als Übersetzung der aristotelischen Definition von M e X in Anspruch genommen wurde, könnte mit dem gleichen Recht als Übersetzung der entsprechenden Definition von X e M angesehen werden. Dieser offensichtliche Mangel erweist sich aber im Zusammenhang unserer Überlegungen als ein Vorteil, erlaubt er doch die Feststellung, daß auch zwischen Camestres und Calemes eine innigere Verwandtschaft besteht als zwischen je zwei beliebigen anerkannten unvollkommenen Modi verschiedener Figuren, ohne daß freilich ein Vorrang des ersten Modus vor dem zweiten behauptet werden könnte.

Im folgenden werde ich, um den Einklang mit Aristoteles wiederherzustellen, nur die in A 23 berücksichtigten Beweisarten und -mittel zur Klärung der Frage heranziehen, mit welchen Argumenten er die Modi der IV. Figur aus dem Kreis der eigenständigen Syllogismen hätte ausschließen können. Da der erste Satz jenes 23. Kapitels ausschließlich von Reduktionen redet, die Ekthesis in den von Aristoteles genannten Fällen aber keine Reduktionen liefert, muß diese Beweisart unberücksichtigt bleiben. Andererseits heißt es in jenem Satz, daß alle Syllogismen durch die allgemeinen Syllogismen der ersten Figur vollendet werden. Aus zwei Gründen also muß der indirekte Beweis als Reduktionsverfahren zugelassen werden: erstens können Baroco (II) und Bocardo (III) nur mit seiner Hilfe reduziert werden; zweitens bedient sich Aristoteles seiner in A 7, um Darii über Camestres bzw. Ferio über Cesare auf Celarent zu reduzieren.

Da schließlich A 23 ebenso wie A 7 die „Vervollkommnung" in dem sehr weiten Sinne der Reduktion versteht, muß auch die von uns so genannte Reduktion zweiter Art zugelassen werden.

Wenn Lukasiewicz gegenüber einer nunmehr immerhin zwei Jahrtausende gepflegten Tradition, die Figureneinteilung sowie die Frage der IV. Figur unter wissenschaftstheoretischen Gesichtspunkten zu erörtern, d. h. unter Gesichtspunkten, die mit dem Anlaß der Einführung des Figurenbegriffs in gar keinem Zusammenhang stehen,— wenn also Lukasiewicz gegenüber dieser Tradition mit Nachdruck betonte, daß die Einteilung der Syllogismen in Figuren primär praktische Bedeutung habe, so sprach er ohne Zweifel das erlösende Wort. Nennenswerte Konsequenzen vermochte er freilich aus dieser Einschätzung nicht zu ziehen. Denn was nützte es schon, den vornehmlich praktischen Wert der Figureneinteilung zu betonen und dann Aufschluß über sie gerade dort zu erwarten, wo von dem Anlaß der Einführung des Figurenbegriffs wahrlich nichts mehr zu spüren ist: "The shortest and clearest description of these figures is to be found not in the systematic part of the Prior Analytics but in the later chapters of that work" (S. 23). Lukasiewicz meint eben jene Stelle und zitiert sie dann auch, die wir zu Beginn dieses Kapitels angeführt haben. Und von der lediglich praktischen Bedeutung der Figureneinteilung ist bei ihm dann auch im folgenden nicht mehr die Rede.

"We wont to be sure that no true syllogistic mood is ommitted" (a.a.O.). In der Tat, wenn wir sicher sein wollen, keinen Modus vergessen zu haben, und die Durchsicht der auf ihre Brauchbarkeit hin zu prüfenden Prämissenkombinationen an eine Methode zu binden wünschen, dann empfiehlt es sich, genauso zu verfahren, wie es Aristoteles tat, d. h. irgendwelche Gliederungsgesichtspunkte einzuführen, um die immerhin 48 relevanten Prämissenkombinationen in eine überschaubare Ordnung zu bringen. Daß die Figureneinteilung genau diesem Zwecke dienen sollte, ergibt sich m. E. eindeutig aus den Zusammenhängen, in denen jeweils erstmalig die Begriffe „diese (bzw. erste) Figur", „zweite Figur" und „dritte Figur" auftreten (A 4 bzw. 5 bzw. 6).

Wenn es aber so ist, daß Aristoteles den Figurenbegriff in dieser Absicht einführte, dann wird man ihm nicht verargen dürfen, daß

Die Beschränkung auf drei Figuren

er auf eine IV. Figur verzichtete. Selbst wenn die Überzeugung berechtigt wäre, daß die ihr zugerechneten Schlüsse seine Anerkennung hätten finden müssen, hätte die Einführung einer IV. Figur die Ermittelung ihrer brauchbaren Prämissenkombination nicht erleichtert, sondern im Gegenteil mit der völlig überflüssigen Auflage belastet, die Unbrauchbarkeit aller übrigen nach dem gewohnten Verfahren zu beweisen. Bei den anderen Figuren bleibt uns diese Mühe nicht erspart; hier aber läßt sich unter ausschließlicher Berücksichtigung der dieser Figur eigenen Begriffsanordnung zeigen, daß nur die Prämissenkombinationen gültige Schlüsse liefern können, die in brauchbaren Prämissenkombinationen der I., II. und III. Figur ihre Entsprechung besitzen.

Mit A 23 dürfen wir nämlich voraussetzen, daß Anspruch auf allgemeine Gültigkeit nur der auf einem der drei angegebenen Wege (d. h. entweder durch die Reduktion erster Art oder durch die Reduktion zweiter Art oder vermittels des indirekten Beweises) reduzierbare Schluß erheben kann.

1. Soll ein Modus der IV. Figur durch die Reduktion erster Art reduzierbar sein, dann muß, je nachdem, ob man die Reduktion mit einer Konversion der Unter- oder Oberprämisse beginnt, der Reduktionsweg über einen in gleicher Weise reduzierbaren Modus der II. oder III. Figur verlaufen (wegen der zu fordernden Umkehrbarkeit der Konversionen kommen nur Modi mit mindestens einer e- oder i-Prämisse in Frage). Die Unausweichlichkeit dieser Bedingung ergibt sich unmittelbar aus folgendem Schema:

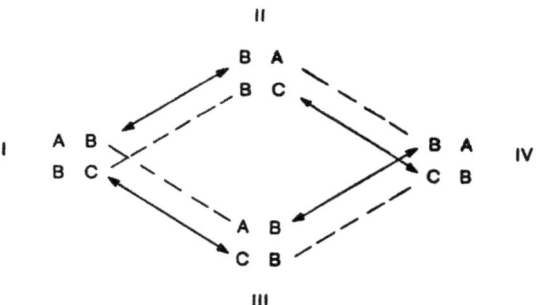

2. Soll ein Modus der IV. Figur durch die Reduktion zweiter Art reduzierbar sein, dann müssen seine Prämissen mit den Prämissen

Die Beschränkung auf drei Figuren 73

eines entsprechenden Modus der I. Figur mit vertauschtem Ober- und Unterbegriff übereinstimmen und seine Konklusion eine a-, e- oder i-Aussage sein. Die Unausweichlichkeit dieser Bedingung ergibt sich aus folgendem Schema:

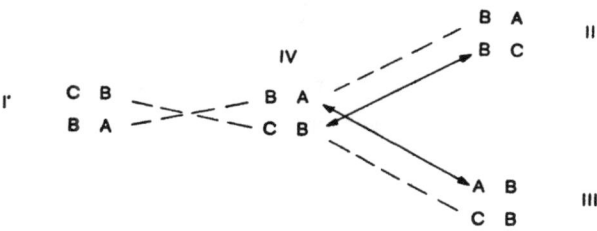

(Die Beziehung der Begriffsanordnung der IV. Figur zu der der II. bzw. III. Figur wurde in das Schema einbezogen, um die Möglichkeit anzudeuten, die Reduktion der Modi der IV. Figur auch in diesem Falle über die der II. oder III. Figur laufen zu lassen).

3. Soll ein Modus der IV. Figur vermittels eines indirekten Beweises reduzierbar sein, dann muß er als aus einem Modus der II. oder III. Figur (durch Konversion der Unter- bzw. Oberprämisse dieses Modus) hervorgegangen betrachtet werden können. Zur Erläuterung des folgenden Schemas, dem wiederum die Unausweichlichkeit dieser Bedingung entnommen werden kann, sei daran erinnert, daß Aristoteles (vgl. 29 a 35—39) die Unverträglichkeit (den kontradiktorischen bzw. gegebenenfalls den konträren Gegensatz) der Annahme des kontradiktorischen Gegensatzes der Konklusion eines gültigen Schlusses mit einer seiner Prämissen durch Anwendung eines Syllogismus der I. Figur beweist (der kontradiktorische bzw. konträre Gegensatz sei hier wiederum durch das Zeichen /———/ angedeutet):

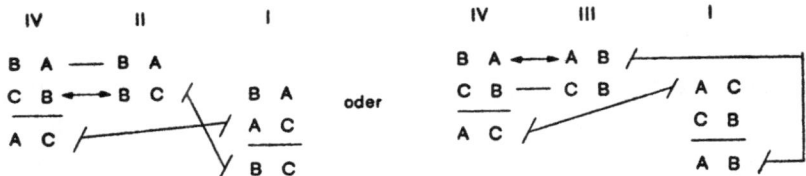

Da die durch die Reduktion zweiter Art reduzierbaren Modi Camestres der II. Figur und Disamis der III. Figur eine simpliciter konvertierbare Unter- bzw. Oberprämisse besitzen und ihnen also je ein durch Reduktion zweiter Art reduzierbarer Modus der IV. Figur entsprechen muß, da ferner für Camestres und Disamis ein indirekter Beweis geführt werden kann, gilt auch für die durch Reduktion zweiter Art reduzierbaren Modi der IV. Figur, was für ihre durch Reduktion erster Art reduzierbaren Modi unmittelbar eingesehen werden kann:

Die Modi, in die die Modi der IV. Figur zum Zwecke ihres indirekten Beweises verwandelt werden müssen, sind genau die, als aus denen hervorgegangen letztere müssen betrachtet werden können. Man darf also behaupten, daß alle und nur die Prämissenpaare der IV. Figur einen gültigen Schluß liefern, die sich durch Konversion der zweiten bzw. ersten Prämisse in ein brauchbares Prämissenpaar der II. bzw. III. Figur verwandeln lassen. Um das festzustellen, hätte es der Verwendung des Begriffs der IV. Figur nicht bedurft. Denn alle ihre Modi sind erfaßt, wenn man sie als Schlüsse charakterisiert, die durch Prämissenkonversion aus den Modi der II. Figur mit simpliciter konvertierbarer Unterprämisse bzw. aus den Modi der III. Figur mit simpliciter konvertierbarer Oberprämisse hervorgehen. Lediglich mit Rücksicht auf den Modus Bamalip, der aus dem so abgesteckten Rahmen fällt, diese Charakteristik zu erweitern, scheint mir nicht empfehlenswert zu sein. Denn Bamalip ist nichts anderes als Barbara mit vertauschtem Ober- und Unterbegriff und konvertierter Konklusion, gehört also zu den B 1 aufgeführten Schlüssen.

Zur Rechtfertigung der Auffassung, daß es sich bei den Modi der IV. Figur nicht um eigenständige Syllogismen, sondern um abgeleitete Schlüsse handelt, wird es gut sein, noch folgende Überlegung anzustellen: wie aus dem letzten Schema hervorgeht, bedarf es der Berufung auf einen Modus der I. Figur, um die Unverträglichkeit der negierten Konklusion eines gültigen Modus der II. bzw. III. Figur mit seiner Unter- bzw. Oberprämisse zu erweisen bzw. um, wie Aristoteles sich B 8—10 ausdrückt, mit der negierten Konklusion diese Prämissen „aufzuheben". Fragt man allgemein nach den Modi, die bemüht werden müssen, um die Unverträglichkeit der negierten Konklusion irgendeines gültigen Modus mit einer seiner Prämissen zu erweisen, so gibt hinsichtlich der Zugehörigkeit dieser Modi zu bestimmten Figuren die folgende Aufstellung Aufschluß:

Die Beschränkung auf drei Figuren 75

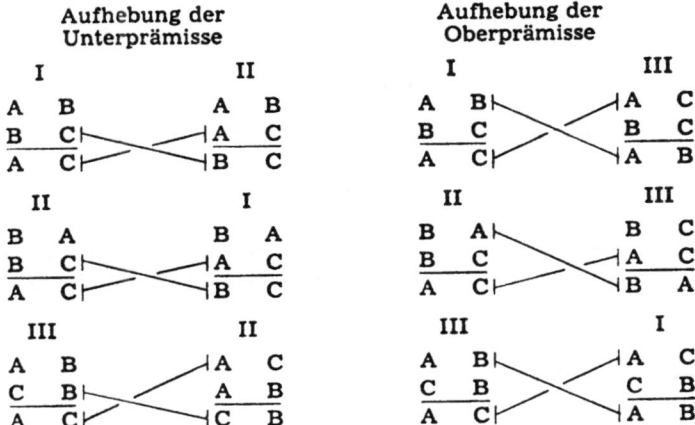

Eine echte Erweiterung dieses „Systems" der drei sich wechselseitig stützenden Figuren ist nicht möglich. Denn die Konversion, die man vornehmen muß, um auf die Modi der IV. Figur den indirekten Beweis üblicher Art anwenden zu können, bewirkt unvermeidlicherweise deren Verwandlung in Modi der II. bzw. III. Figur. Derjenige indirekte Beweis der Modi der IV. Figur andererseits, der ohne vorherige Konversion geführt werden kann und durch zweimalige Anwendung eines vollkommenen Modus das Ergebnis zeitigt, daß bei Annahme der negierten Konklusion ein Begriff von sich selbst generell oder partikulär ausgeschlossen werden müßte, läßt sich auf die Modi der übrigen Figuren nur nach vorheriger Konversion einer ihrer Prämissen anwenden.

VI. Das „System" der assertorischen Syllogistik

Das Kapitel A 7 des ersten Buches der Ersten Analytik läßt sehr deutlich Aristoteles' Absicht erkennen, die assertorische Syllogistik auf eine möglichst geringe Zahl von Voraussetzungen zu gründen: zwei vollkommene Syllogismen, nämlich die allgemeinen Modi Barbara und Celarent, sollen nach den Überlegungen dieses Kapitels ausreichen, das System zu tragen. Auch das Kapitel A 23, das man in gewissem Sinne als Fortsetzung von A 7 betrachten darf, legt Wert auf die Feststellung, „daß jeder Syllogismus durch die erste Figur vollendet wird und auf die allgemeinen Syllogismen in ihr zurückgeht" (41 b 3—5).

Es ist nun auffallend, daß Aristoteles die Möglichkeit, die Zahl der Voraussetzungen seines Systems durch den Nachweis der Reduzierbarkeit der vollkommenen Modi Darii und Ferio auf Celarent zu verringern, einer anderen Möglichkeit vorgezogen hat, die auf den ersten Blick näher zu liegen scheint: die assertorische Syllogistik hätte sich nämlich, da die Gültigkeit aller unvollkommenen Modi indirekt bewiesen werden kann, die Anwendung der Beweise durch Prämissenkonversion, mithin auch den Beweis der Gültigkeit der Konversionsregeln und schließlich die Berufung auf die hierfür vorausgesetzte Möglichkeit der Ekthesis ersparen können; dann allerdings wäre es nötig gewesen, die Gültigkeit aller vollkommenen Modi vorauszusetzen, da die Reduktion von Darii und Ferio durch die reductio ad impossibile allein nicht möglich ist.

Zwei Möglichkeiten, das System der assertorischen Syllogistik zu vereinfachen, standen also für Aristoteles, wie man meinen möchte, zur Wahl:

1. diejenige, die die Zahl der Modi, deren Gültigkeit vorausgesetzt werden muß, auf zwei reduziert, dafür aber in Kauf nimmt, zwei verschiedene Beweisverfahren (den Beweis durch Prämissenkonversion und den indirekten Beweis) anwenden und als legitim ausweisen zu müssen;

2. diejenige, die die Gültigkeit von vier Modi voraussetzen muß, sich dafür aber auf die Anwendung nur eines Beweisverfahrens (des indirekten Beweises) beschränken kann.

Man wird bei Abwägung der Gründe, die Aristoteles in seiner Entscheidung für die erste Möglichkeit bestimmt haben könnten, gewiß von der Annahme ausgehen dürfen, daß ihm daran gelegen war, in seinem logischen System so viel wie möglich zu beweisen und so wenig wie möglich vorauszusetzen. Die Frage wäre dann also, ob die erste Möglichkeit dieser seiner Absicht tatsächlich mehr entgegenkam als die zweite.

Wir werden sehen, daß jene beiden Möglichkeiten für Aristoteles gar keine echte Alternative sein konnten. Aber nehmen wir vorerst einmal an, eine solche hätte für ihn in Gestalt jener beiden Möglichkeiten tatsächlich bestanden, dann würde die Beantwortung unserer Frage davon abhängen, was wir als das „System" der assertorischen Syllogistik anzusprechen uns entschließen wollen.

1931 erklärte Heinrich Scholz, daß „die Aristotelische Syllogistik ... außer ‚Barbara' und ‚Celarent' noch alle Operationsregeln, die zur Reduktion der übrigen 12 Aristotelischen Modi auf diesem Grundstock erforderlich sind, ... zur Voraussetzung"[1] habe. Ebenso wie Scholz akzeptiert auch Lukasiewicz die Feststellung von A 7, daß es möglich sei, alle übrigen Modi auf Barbara und Celarent zu reduzieren; und ebenso wie dieser fordert er die lückenlose Aufzählung aller übrigen Voraussetzungen des Systems: "Modern formal logic tends to reduce the number of axioms in a deductive theory to a minimum, and this is a tendency which has its first exponent in Aristotle. Aristotle is right when he says that only two syllogisms are needed as axioms to build up the whole theory of the syllogism. He forgets, however, that the laws of conversion, which he uses to reduce the imperfect moods to the perfect ones, also belong to his theory and cannot be proved by means of the syllogisms[2]."

Beide Autoren haben also die mit einem Minimum an Voraussetzungen zu bestreitende Begründung eines Systems im Auge, das man kurz als den Inbegriff der in A 4—6 abgehandelten Syllogismen

---

[1] Scholz, S. 30.
[2] Lukasiewicz, S. 45.

kennzeichnen kann. Beide Autoren stimmen ferner darin überein, daß das über Barbara und Celarent als „Grundstock" errichtete System (das sich mithin aus den oben genannten Gründen zum Zwecke der Reduktion der übrigen Modi auch der Beweise durch Prämissenkonversion bedienen muß) der Aristoteles ausdrücklich zugestandenen Tendenz nach Vereinfachung des Systems bzw. nach Reduzierung der Zahl seiner Voraussetzungen optimal entspricht[3].

Hätte Aristoteles die Auffassung beider Autoren geteilt, daß die Konversionsregeln und das logische Quadrat von dem „Grundstock" unabhängige Voraussetzungen darstellen, so hätte er ganz gewiß auf die Anwendung der Konversionsregeln verzichtet, also der oben aufgeführten Möglichkeit (2) den Vorzug gegeben. Denn der indirekte Beweis ist durchgängig anwendbar und bedarf keiner zusätzlichen Annahmen, wie sie der Beweis durch Prämissenkonversion zumindest der Modi Darapti und Felapton erfordert; außerdem erspart er wie erwähnt die Aristoteles offensichtlich nicht sehr sympathische Berufung auf die Möglichkeit der Ekthesis. Hingegen wäre die Zulassung der Modi Darii und Ferio als weiterer Voraussetzungen kein Problem gewesen, da ihre Gültigkeit nicht bewiesen zu werden braucht, sondern unmittelbar einleuchtet.

Selbst wenn man im übrigen Scholz' und Lukasiewicz' Deutung der aristotelischen Syllogistik für diskutabel hält, wird man aus der Tatsache, daß diese Syllogistik die Anwendung der Konversionsregeln vorsieht, folgern müssen, daß die Beschränkung des „Systems" auf die anerkannten Modi von A 4—6 wenig sinnvoll ist. Denn unvermeidlich ist die Anwendung der Konversionsregeln nur beim Beweis der Gültigkeit der A 7 und B 1 erwähnten Schlüsse

| A a B | A i B | A a B | A a B | A e B |
B e C	B e C	B a C	B i C	B a C
C o A	C o A	C i A	C i A	C e A

Diese Schlüsse zumindest wird man in das „System" einbeziehen müssen. A 23 besagt darüber hinaus, daß jeder Schluß, der nur immer den Anspruch erheben kann, gültig zu sein, auf Barbara bzw. Celarent muß reduziert werden können. Der Beweis dieser Behaup-

---

[3] Lukasiewicz ersetzt in seiner Darstellung des auf axiomatische Form gebrachten Systems allerdings Celarent durch Datisi (vgl. a.a.O., S. 46 u. 88). Doch das hat Gründe, die die Interpretation nicht tangieren.

tung erfordert keine neuen Voraussetzungen, so daß man getrost alle nichtmodalen Schlüsse zum „System" der assertorischen Syllogistik, wie es Aristoteles verstand, wird rechnen dürfen.

Deckt schon die bisherige Überlegung zur Frage der Begründung und Begrenzung des Systems der assertorischen Syllogistik eine gewisse Inkonsequenz ihrer modernen Deutung auf, so wird ihre Unangemessenheit vollends deutlich, wenn man die Selbstverständlichkeit bedenkt, mit der sie sich über Aristoteles' Behauptung hinwegsetzt, daß Barbara und Celarent allein schon ausreichen, das System zu tragen.

Scholz spricht in dem angeführten Zitat von den Operationsregeln, die *außer* Barbara und Celarent dem aristotelischen System zugrunde gelegt werden müßten. Er rechnet erst gar nicht mit der Möglichkeit, daß die Operationsregeln, die Aristoteles tatsächlich anwendet, ihre Legitimation den vorausgesetzten Modi Barbara und Celarent selbst verdanken, von ihnen zumindest nicht unabhängig sind. Mit dieser Möglichkeit muß man aber rechnen, wenn es einem damit Ernst ist, Aristoteles' Behauptung zu verstehen, daß alle Beweise ihre Beweiskraft letztlich den Syllogismen, gegebenenfalls einigen auserwählten unter ihnen, verdanken. Daß sich jene Operationsregeln, insbesondere die Konversionsregeln, mittels der Syllogismen beweisen ließen, hat in dieser Form Aristoteles nie behauptet, und das steht auch außer Frage, daß, wenn man lediglich die Gültigkeit etwa der Modi Barbara und Celarent voraussetzt, schwerlich aus ihnen jene Konversionsregeln abgeleitet werden können. Wohl aber hat Aristoteles eine von der heute üblichen abweichende Vorstellung vom Voraussetzungscharakter jener beiden das System tragenden Syllogismen gehabt.

Aristoteles nennt die Modi Barbara und Celarent vollkommene Syllogismen. Er setzt mithin nicht einfach nur die Gültigkeit dieser Modi voraus, sondern vertritt die Ansicht, daß diese Gültigkeit evident sei. Soll aber die Gültigkeit auch nur dieser zwei Syllogismen unmittelbar eingesehen werden können, dann ist dafür — wie die Überlegungen des Ekthesiskapitels ergaben — unabdingbare Voraussetzung, daß jeder der in diesen Syllogismen verwendeten Begriffe jeweils als Repräsentant des seinen Anwendungsfällen Gemeinsamen bzw. in diesem eingeschränkten Sinne dann auch als Repräsentant seiner Anwendungsfälle selbst muß aufgefaßt werden können. Dies ist aber nun auch, wie sich zeigte, die einzige Voraussetzung, die der Möglichkeit der Ekthesis, mithin der Möglichkeit der Prämissenkonversion, zugrunde liegt.

In einer assertorischen Syllogistik also, die nicht nur die Gültigkeit der Modi Barbara und Celarent voraussetzt, sondern auch die unmittelbare Einsehbarkeit dieser Gültigkeit rechtens behaupten darf, ist die Anwendung der Konversionsregeln möglich, ohne daß es nötig wäre, zusätzliche Voraussetzungen einzuführen. Der Verzicht andererseits auf die Anwendung der Beweise durch Prämissenkonversion, wie es die Möglichkeit (2) vorsieht, hätte nicht einmal in einer auf die anerkannten Modi eingeschränkten Syllogistik eine Einsparung von Voraussetzungen bewirkt. Dies ist der Grund, warum sich Aristoteles gar nicht vor die erwähnte Alternative gestellt sehen konnte.

Nachdem nun festgestellt ist, daß Aristoteles bei gleichen Voraussetzungen auf die Anwendung der Konversionsregeln nicht zu verzichten brauchte, richten wir unser Augenmerk auf die allerdings gänzlich außerhalb des modernen Blickwinkels liegende Frage, ob der Verzicht auf Anwendung der Konversionsregeln — etwa in dem auf die anerkannten Modi reduzierten System, wo er ja möglich gewesen wäre — seiner Vorstellung von den Erfordernissen der Begründung einer Logik als System entsprochen hätte.

Mehrfach wurde darauf hingewiesen, daß Aristoteles glaubte, nicht nur die Gültigkeit der unvollkommenen Syllogismen als ein Faktum feststellen und erweisen, sondern auch die Gründe für diese Gültigkeit aufweisen zu sollen. In der Ersten Analytik, an die wir uns vornehmlich halten müssen, bedient sich Aristoteles selbst nicht der Unterscheidung zwischen Faktum und Grund der Gültigkeit von Syllogismen, um seine Intention deutlich zu machen. Wohl aber spricht er ständig davon, daß die unvollkommenen Syllogismen „durch die allgemeinen Syllogismen in der ersten Figur vollendet werden und auf sie zurückgehen" (40 b 18—19). Um in Erfahrung zu bringen, was er damit eigentlich meint, wird man sich um ein Verständnis des Begriffs der „Vervollkommnung" bemühen müssen. Nur zum Teil würde ein solcher Versuch auf eine terminologische Klärung hinauslaufen. Denn es ist kein Geheimnis, daß der Begriff der

„Vervollkommnung" bzw. „Vollendung" zwar von Aristoteles durchaus als Terminus verstanden wurde[4], daß aber die Verlegenheit, nicht alle Beweise der Gültigkeit von Syllogismen diesem Begriff in seiner ursprünglichen Bedeutung subsumieren zu können, ihn offenbar mit Rücksicht auf ein gleichwohl festgehaltenes Verständnis der Beziehung der sog. unvollkommenen Syllogismen zu den sog. vollkommenen Syllogismen veranlaßte, diesen Begriff bisweilen weniger präzis zu verwenden.

Das die Behandlung der assertorischen Modi abschließende Kapitel A 7 faßt ebenso wie das Kapitel A 23 alle Reduktionsverfahren unter dem Begriff der Vervollkommnung zusammen, rechnet also auch den indirekten Beweis dazu. Das ist auffallend: einerseits nämlich meint der Begriff der Vervollkommnung einer Sache die Herstellung des Zustandes dieser Sache, in dem sie „die ihr eigene Trefflichkeit" tatsächlich besitzt bzw. „am meisten das ist, was in ihrer Natur angelegt ist"[5]; andererseits würde das Verständnis der sich des indirekten

---

[4] Hiervon kann man sich leicht anhand der zahlreichen über sein Gesamtwerk verstreuten Stellen überzeugen, die die Begriffe „vollkommen", „Vollkommenheit" und „vervollkommnen" verwenden; die Belegstellen füllen im Bonitz-Index nicht weniger als zwei Spalten.

[5] Physik, Buch VII, Kptl. 3, 246 a 13—15:

ὅταν γὰρ λάβῃ τὴν ἑαυτοῦ ἀρετήν, τότε λέγεται τέλειον ἕκαστον· τότε γὰρ μάλιστά ἐστι τὸ κατὰ φύσιν...

Von den unzähligen hierher passenden Stellen sei noch die folgende angeführt, die besonders deutlich macht, daß Aristoteles auch bei seiner Unterscheidung zwischen vollkommenen und unvollkommenen Syllogismen an der allgemeinen Bedeutung des Begriffs der Vollkommenheit festgehalten hat:

„Vollkommen nennt man einmal das, zu dem auch nicht ein Teil von außen hinzugenommen zu werden braucht... Weiter aber (heißt vollkommen) auch das, was hinsichtlich seiner Trefflichkeit und rechten Beschaffenheit ein noch Höheres in seiner Art nicht zuläßt... Jedwedes Ding ist dann vollkommen, und jede Wesenheit ist dann vollkommen, wenn entsprechend der besonderen Art der hier in Frage kommenden Trefflichkeit an der der Natur der Sache angemessenen Größe kein Teil fehlt.... Was also als an sich vollkommen bezeichnet wird, das wird in diesen verschiedenen Hinsichten so bezeichnet, nämlich einmal weil es hinsichtlich seiner rechten Beschaffenheit nichts vermissen läßt und kein Übertreffen oder Hinzunehmen von außen zuläßt, und dann weil es jedesmal mit Rücksicht auf die Zugehörigkeit zu einer bestimmten Art nicht möglich ist, über es hinauszugehen und zu ihm von außen etwas hinzuzufügen".

τέλειον λέγεται ἓν μὲν οὗ μὴ ἔστιν ἔξω τι λαβεῖν μηδὲ ἓν μόριον ... καὶ τὸ κατ' ἀρετὴν καὶ τὸ εὖ μὴ ἔχον ὑπερβολὴν πρὸς τὸ γένος ... ἕκαστον γὰρ

Beweises bedienenden Reduktion als einer Vervollkommnung jedenfalls für die Modi, für die auch ein Beweis durch Prämissenkonversion geführt werden kann, bedeuten, daß sie nicht *eine* „Natur", sondern deren zwei besitzen müßten (in keinem Falle „stellen" ja die auf einen unvollkommenen Modus anwendbaren zwei Beweisverfahren aus ihm denselben vollkommenen Modus „her" — vgl. oben S. 40). Daß die Beantwortung der Frage, welches die wahre Natur einer Sache sei, dem Belieben dessen anheimgegeben sein könnte, der aus ihr das eine oder das andere „herzustellen" vermag (in unserem Falle etwa aus Datisi im direkten Verfahren Darii und im indirekten Verfahren Ferio), diese Vorstellung wird man Aristoteles kaum zutrauen wollen.

Aus dem Begriff der Vervollkommnung eines Dinges ist die Vorstellung von der einen wahren Natur, auf die es dann auch muß „reduziert" werden können, schlechterdings nicht wegzudenken. Die Frage wäre also nun, ob sich Aristoteles der Unmöglichkeit, an dieser Vorstellung auch innerhalb der assertorischen Syllogistik durchgängig festzuhalten, bzw. einer gewissen Inkonsequenz bei dem Entschluß, den Begriff der Vervollkommnung gleichwohl auch hier zu verwenden, bewußt gewesen ist. Ich meine, daß man dies nicht nur zu vermuten braucht, sondern auch belegen kann. Der Einsicht in die Grenzen der Möglichkeit eines einheitlichen Verständnisses der Beziehung der unvollkommenen zu den vollkommenen Syllogismen hat er immerhin dadurch Ausdruck verliehen, daß er beide hier zur Diskussion stehenden Reduktionsverfahren sehr deutlich unterschied.

Die die Reduktion der unvollkommenen Modi darstellenden Kapitel A 5 und 6 erwähnen den indirekten Beweis nur, wenn dafür (freilich nicht genannte) Gründe vorliegen; über die Nachteile einer indirekt verlaufenden Reduktion sagen sie nichts aus. Das holt erst das Kapitel A 45 nach: für die Modi Baroco (II) und Bocardo (III), die nur unter Anwendung des indirekten Beweises reduziert werden können, „kann es keine *Auflösung* geben" (vgl. 50 b 30—32 und

---

τότε τέλειον καὶ οὐσία πᾶσα τότε τελεία, ὅταν κατὰ τὸ εἶδος τῆς οἰκείας ἀρετῆς μηδὲν ἐλλείπῃ μόριον τοῦ κατὰ φύσιν μεγέθους ... τὰ μὲν οὖν καθ' αὑτὰ λεγόμενα τέλεια τοσαυταχῶς λέγεται, τὰ μὲν τῷ κατὰ τὸ εὖ μηδὲν ἐλλείπειν μηδ' ἔχειν ὑπερβολὴν μηδ' ἔξω τι λαβεῖν, τὰ δ' ὅλως κατὰ τὸ μὴ ἔχειν ὑπερβολὴν ἐν ἑκάστῳ γένει μηδ' εἶναί τι ἔξω ...
(Metaphysik, Buch V, Kptl. 16, 1021 b 12 — 1022 a 1).

51 a 18—21). Das heißt freilich zunächst nur dies: im Unterschied zu den übrigen Modi lassen sie sich nicht durch Konversion einer ihrer Prämissen in vollkommene Modi bzw. auch nicht in unvollkommene Modi jeweils der anderen Figur verwandeln. Und in Anbetracht der Tatsache, daß einige Modi, für die es eine „Auflösung" gibt, wechselseitig ineinander aufgelöst werden, wird man hier die Analysis nicht ohne weiteres in dem anspruchsvollen Sinne einer reductio ad principia verstehen und die Unmöglichkeit einer Auflösung von Baroco und Bocardo mit der Unmöglichkeit ihrer Zurückführung auf die letzten Gründe ihrer Gültigkeit gleichsetzen dürfen. Dem Resümee dieses Kapitels zufolge hält Aristoteles aber doch die Auflösbarkeit eines Modus für die Bedingung der Möglichkeit, die Gründe seiner Gültigkeit *in Gestalt eines der vollkommenen Modi* freizulegen: „Es ist also deutlich ..., daß, indem die Syllogismen (Baroco und Bocardo) auf die erste Figur zurückgeführt werden, diese nur durch das Unmögliche zur Vollendung kommen[6]."

Hat im Falle eines auflösbaren Modus U die Reduktion die Aufgabe, ihn in denjenigen vollkommenen Modus aufzulösen, aus dessen Gültigkeit die Gültigkeit von U unmittelbar folgt, der mithin selbst als der Grund der Gültigkeit von U gelten darf, so kann sich die Reduktion eines nichtauflösbaren Modus U' des jeweils in Frage

---

[6] 51 a 40—b 2:
φανερὸν οὖν ὅτι οἱ αὐτοὶ συλλογισμοὶ οὐκ ἀναλύονται ἐν τούτοις τοῖς σχήμασιν οἷπερ οὐδ' εἰς τὸ πρῶτον ἀνελύοντο, καὶ ὅτι εἰς τὸ πρῶτον σχῆμα τῶν συλλογισμῶν ἀναγομένων οὗτοι μόνοι διὰ τοῦ ἀδυνάτου περαίνονται.

Aristoteles' wie üblich knappe Formulierung bereitet dem Verständnis offenbar einige Schwierigkeiten, wie aus der Tatsache hervorgeht, daß sie recht unterschiedlich ausgelegt wurde. So übersetzt Eugen Rolfes (Aristoteles, Lehre vom Schluß oder Erste Analytik, Philosophische Bibliothek, Bd. 10, Leipzig 1922, S. 88): „Man sieht also, ... daß, während die Schlüsse auf die erste Figur gebracht werden, sie nur durch Zurückführung aufs Unmögliche in die Schlüsse anderer Figuren aufgelöst werden können". Aber gerade das steht nicht im griechischen Text; ihm zufolge werden diese Schlüsse nicht „aufgelöst", wie Aristoteles auch 50 b 30—32 und 51 a 18—21 ausdrücklich betont hatte, sondern sie kommen auf andere Art „zur Vollendung" bzw. „zum Abschluß" (περαίνονται). Paul Gohlke (Aristoteles, Erste Analytik, Paderborn 1953, S. 128) übersetzt wiederum anders: „Es ergibt sich also, ... daß diese (Schlüsse) allein durch einen mittelbaren Beweis bündig werden, während die anderen auf die erste Figur zurückgeführt werden können". Auch das steht nicht da; im übrigen sagt Aristoteles oft genug, daß auch der indirekte Beweis ein Mittel sei, unvollkommene Modi auf Modi der ersten Figur „zurückzuführen".

kommenden vollkommenen Modus nur als eines Mittels bedienen, um die Unmöglichkeit der Annahme, die Negation der Konklusion von U' sei wahr, gleichsam herbeizuführen bzw. die Unverträglichkeit seiner negierten Konklusion mit einer seiner Prämissen zu explizieren. Nicht also der Grund seiner Gültigkeit wird so ermittelt, sondern die Unmöglichkeit der Annahme seiner Ungültigkeit als Faktum konstatiert. Natürlich muß auch hier die Gültigkeit des vollkommenen Modus vorausgesetzt werden, aber nur, weil davon seine Tauglichkeit als eines Explikationsmittels abhängt. Dies ist der Gesichtspunkt, der bei der Beschreibung der „Ableitung durch das Unmögliche" in Kapitel A 23 vorherrscht. Ob man nun A 45 als eine nachträgliche Korrektur verstehen will oder nicht, klar ist, daß Aristoteles hier den Unterschied der Reduktionsverfahren herausarbeiten wollte, nachdem er in A 23 ihre Gemeinsamkeiten betont hatte.

Im vorigen Kapitel war bereits darauf hingewiesen worden, daß A 45 die Auflösung der Modi Camestres (II) und Disamis (III) in Celarent bzw. Darii für möglich hält, aber ausdrücklich vermerkt, daß man bei dieser Auflösung die Vertauschung jeweils der Ober- und Unterbegriffe in Kauf nehmen muß. Vielleicht darf man die Tatsache, daß Aristoteles auf die Auflösung von Celarent in Camestres und Darii in Disamis verzichtete, während er alle sonst möglichen Auflösungen auch wirklich vorführte, als Hinweis dafür werten, daß diese Art von Auflösung nicht so ganz nach seinem Geschmacke war. Natürlich genügte die Auflösung in Cesare bzw. Datisi, um die behauptete Möglichkeit der Auflösung von Celarent bzw. Darii in entsprechende Modi der II. bzw. III. Figur zu belegen; aber geradesogut hätte das die Auflösung in Camestres und Disamis zeigen können. Wie dem auch sei, wichtig ist für uns im Augenblick folgendes: Aristoteles hält grundsätzlich daran fest, daß zum Zwecke der Auflösung eines Modus der II. bzw. III. Figur in einen der I. Figur (oder umgekehrt) die Konversion einer Prämisse genügen muß. Das gilt auch für Camestres und Disamis, wenngleich die Schlüsse, in die sie aufgelöst werden, noch nicht die gewünschten, d. h. noch keine Modi der anerkannten Art sind. Für die Auflösung der Modi der I. und III. Figur ineinander wird sogar vermerkt, daß sie eine Konversion der Unterprämisse erfordert (Disamis scheint Aristoteles hier nicht berücksichtigt zu haben). Diese Tatsache bekommt erst Gewicht, wenn man sie mit einer anderen in Verbindung bringt. Bei genauer Lektüre des Textes wird man bemerken, daß es fast durchgängig (und sicherlich doch nicht zufällig bei der Auflösung von Camestres in Celarent und Disamis in Darii gerade nicht) so heißt: wenn man zum Zwecke der Auflösung die und die Konversion vornimmt, wird man die und die Figur erhalten (also nicht den und den Modus). Die Bemerkung, mit der Aristoteles die Auflösung der I. und der III. Figur ineinander abschließt, lautet entsprechend: „Es ist deutlich, daß man, um die Figuren ineinander aufzulösen, in beiden Figuren die Unterprämisse umkehren muß. Denn dadurch, daß man diese umkehrte, kam der Übergang (von der einen Figur zur anderen) zustande[7]."

Primär also scheint die Auflösung das Ziel zu haben, diejenige Begriffsanordnung herzustellen, die der Figur entspricht, in die aufgelöst werden soll. Als geeignetes Mittel zur Erreichung dieses Zieles empfiehlt sich zunächst einmal, und auf den ersten Blick geradezu konkurrenzlos, die Konversion einer Prämisse. Denn die II. und III. Figur unterscheiden sich als Figuren von der I. Figur ausschließlich durch die Stellung der Begriffe in der Ober- bzw. Unterprämisse. Alle Reduktionen, die keine Auflösung im strengen Sinne bewirken, weil entweder die konvertierte mit der anderen Prämisse ein unbrauchbares Prämissenpaar ergeben würde (Baroco und Bocardo) oder nur die „falsche" Prämisse konvertiert werden kann, so daß sich eine „falsche" Begriffsanordnung ergibt (Camestres und Disamis), erscheinen vom Ziel her betrachtet, das eigentlich erreicht werden sollte, als Reduktionen minderen Ranges. Ist man nicht gezwungen zu glauben, daß Aristoteles sie tatsächlich so eingeschätzt hat, wenn man beachtet, daß er in allen Fällen, in denen der Hauptbeweis den an die Auflösung zu stellenden Ansprüchen nicht genügt, auf weitere Beweismöglichkeiten hinwies, bei Erwähnung mehrerer Beweismöglichkeiten aber stets die Reihenfolge: Beweis durch Prämissenkonversion, indirekter Beweis und gegebenenfalls Ekthesisbeweis, eingehalten hat, obwohl zumindest im Falle der Modi Darapti und Felapton der indirekte Beweis deutlich besser ist als der durch Prämissenkonversion (der ohne zusätzliche, aber von Aristoteles nicht genannte Voraussetzungen nicht auskommt)?

---

[7] 51 a 22—25:
φανερὸν δὲ καὶ ὅτι πρὸς τὸ ἀναλύειν εἰς ἄλληλα τὰ σχήματα ἡ πρὸς τῷ ἐλάττονι ἄκρῳ πρότασις ἀντιστρεπτέα ἐν ἀμφοτέροις τοῖς σχήμασι· ταύτης γὰρ μετατιθεμένης ἡ μετάβασις ἐγίννετο.

Literatur

Ebbinghaus, Kurt: Ein formales Modell der Syllogistik des Aristoteles, Hypomnemata, Heft 9, Göttingen 1964
(zitiert: Ebbinghaus)

Kapp, Ernst: Der Ursprung der Logik bei den Griechen, Göttingen 1965
(zitiert: Kapp)

Lorenzen, Paul: Logische Strukturen in der Sprache, Studium Generale, Jg. 1966, S. 398—401
(zitiert: Lorenzen)

Lukasiewicz, Jan: Aristotle's syllogistic from the standpoint of modern formal logic, Oxford 1951, 2. Aufl. 1957
(zitiert: Lukasiewicz)

Maier, Heinrich: Die Syllogistik des Aristoteles, Tübingen 1896—1900
(zitiert: Maier)

Galen: Einführung in die Logik, Kritisch-exegetischer Kommentar mit deutscher Übersetzung von Jürgen Mau, Berlin 1960
(zitiert: Mau)

Patzig, Günter: Die aristotelische Syllogistik, Logisch-philologische Untersuchungen über das Buch A der „Ersten Analytiken", Göttingen 1959, 2. Aufl. 1963
(zitiert: Patzig)

Rose, Lynn E.: Aristotle's syllogistic, Springfield/Illinois 1968
(zitiert: Rose)

Scheibe, Erhard: Besprechung von: G. Patzig, Die aristotelische Syllogistik, Gnomon, Bd. 39, 1967, Heft 5, S. 454—464
(zitiert: Scheibe)

Scholz, Heinrich: Abriß der Geschichte der Logik, Freiburg/München 1931, 2. Aufl. 1959
(zitiert: Scholz)

Überweg, Friedrich: System der Logik, 5. Aufl., Bonn 1882
(zitiert: Überweg)

Wieland, Wolfgang: Zur Deutung der aristotelischen Logik, Besprechung von: G. Patzig, Die aristotelische Syllogistik, Philosophische Rundschau, 14. Jg. 1966, Heft 1, S. 1—27
(zitiert: Wieland)

Printed by Libri Plureos GmbH
in Hamburg, Germany